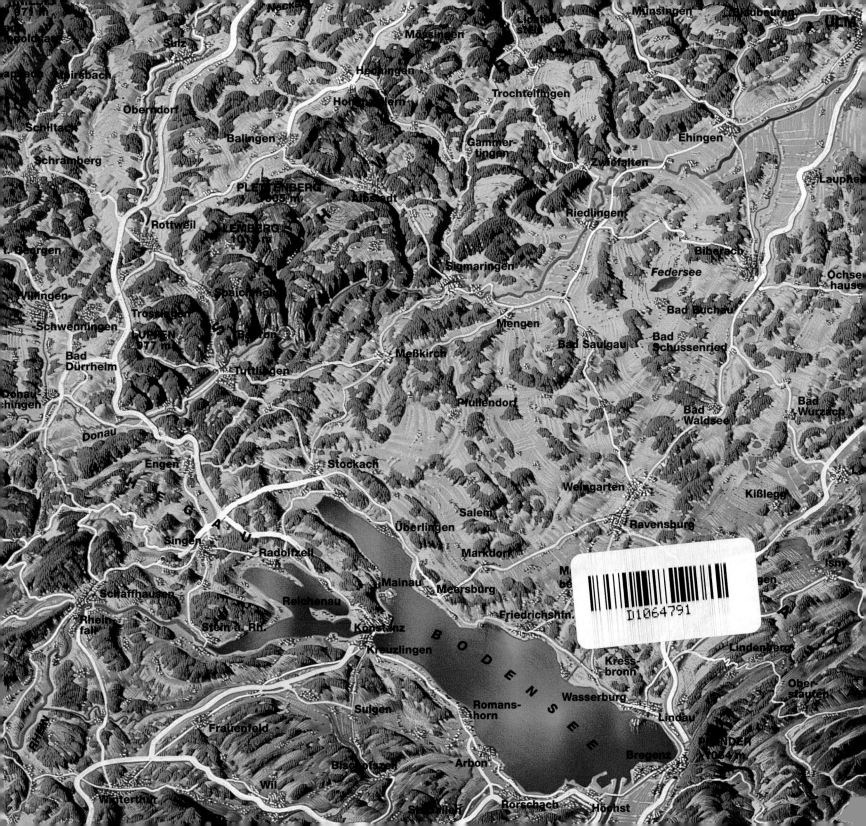

Reisetour um den BODENSEE
Journey around LAKE CONSTANCE
Voyage autour du LAC DE CONSTANCE

Zauberhafter Bodensee

und Oberschwäbische Barockstraße

Bodenseeregatta

 ZIETHEN-PANORAMA VERLAG

Der Bodensee
Die Mediterrane Versuchung

Der Bodensee ist der drittgrößte Binnensee in Mitteleuropa. Ein witziger Kopf hat vor einiger Zeit ausgerechnet, dass man, wenn jedem nur ein Stehplatz zugebilligt würde, die Weltbevölkerung auf der Grundfläche des Bodensees unterbringen könnte. Auch so kann man seinem Gefühl Ausdruck geben, dass in der Bodenseeregion doch die Große Welt enthalten ist. Geschichtlich ist das sowieso der Fall. Seit der Steinzeit, seit 16 000 Jahren also, ist der Bodenseeraum besiedelt. Seit dem vierten vorchristlichen Jahrhundert sind die westindogermanischen Kelten am See ansässig, der zum Zentrum des sogenannten Ersten Territoriums im alten Europa zwischen Burgund und Böhmen wurde. Zur Zeit Cäsars gerieten die Kelten hier unter römische Herrschaft. Im dritten nachchristlichen Jahrhundert drängten germanische Stämme, die Alemannen, Bajuwaren und Sueben, in den Bodenseeraum. Später setzten sich hier die fränkischen Merowinger und Karolinger durch. Dass es ein christliches Abendland überhaupt gegeben hat, dazu hat diese Region Entscheidendes beigetragen. Der Bodenseeraum war schon früh ein Stützpunkt der Christianisierung. Irische Mönche kamen schon im 7. Jahrhundert hierher, gründeten die Klöster St. Gallen und Reichenau und kultivierten das Land. Der Einsiedler Gallus bezog im Jahre 612 seine Klause, zunächst in der Nähe des heutigen Arbon am südlichen Seeufer, dann bei St. Gallen. Eine heilige Energie hat offenbar den Bodenseeraum zur fruchtbaren Gartenlandschaft umgestaltet.

Mainau – eine Insel wie im Paradies, denn hier blühen Blumen und Pflanzen wie man sie sonst nur weiter im Süden findet. Je nach Jahreszeit gedeihen hier auch Palmen und Zitrusfrüchte. Ursprünglich war die Insel ein römischer Militär-Stützpunkt, dann Rittersitz, bis die Insel im 8. bis 13. Jahrhundert zum Kloster Reichenau gehörte. 1272 richtete der Deutschherrenorden hier eine Kommende ein. Im Dreißigjährigen Krieg verwüsteten die Schweden die Insel, die im 18. Jahrhundert unter Komtur Freiherr von Schönau ihre barocken Prachtbauten erhielt. 1827 wurde die Insel an Fürst

Lake Constance
The Mediterranean Temptation

Lake Constance is the third largest inland lake in Europe. A joker recently worked out that the whole of the world's population could be accommodated on the surface area of the lake if everybody was given standing room only. But in another sense, there is an undeniable feeling that the region is the world in a nutshell. Historically this is certainly the case. Settlement in the region around Lake Constance began in the late Stone Age, so about 16,000 years ago. There were west Indogermanic Celt settlements here from the fourth century BC, as the region became the centre of the so-called First Territory in ancient Europe between Burgundy and Bohemia. At the time of Julius Caesar the Celts were conquered by the Romans. In the third century AD, Germanic tribes, the Alemannians, Bavarians and Swabians migrated into the Lake Constance region. Later, ruling influence passed to the Merovingians and Carolingians.

The region played an important part in the spread of Christianity in Western Europe. Irish monks arrived in the 7th century, founded the monasteries of St Gallen and Reichenau and cultivated the land. The hermit Gallus withdrew to his cell in the year 612, first close to present-day Arbon on the southern shore of the lake, then near St Gallen. The fertile garden landscape of the Lake Constance region was brought into being by the sacred energies of Christian belief.

Mainau – an island like in paradise. Flowers and plants blossom here that are otherwise only to be found much further south. According to the season, palms and citrus fruits grow here, too. Originally the island was a Roman military base, then the seat of a knight before becoming the property of Reichenau Monastery in the 8th to 13th century. In 1272 the Teutonic Order established a commandery here. In the 30 Year´s War the island was devastated by the Swedes, then in the 18th century Knight Commander Baron Reinhard von Schoenau built the magnificent baroque edifices we know today. In 1827 the island was sold to Prince Nikolaus Esterházy-Galantha, who

Le Lac de Constance
Un terroir méridional

Le lac de Constance, appelé Bodensee en langue allemande, est le troisième lac d'Europe Centrale après le lac de Genève et le lac Balaton en Hongrie. Récemment, un esprit futé a calculé que la surface du lac de Constance pourrait accueillir tous les habitants de la terre – serrés bien sûr comme des sardines. Une manière originale de proclamer que la petite région du lac de Constance est à l'image du Monde. Quoi qu'il en soit, le lac de Constance a une longue histoire à raconter. La région est habitée depuis le néolithique, à savoir depuis 16 000 ans. Dès 400 ans avant Jésus-Christ, les Celtes indo-germaniques s'installèrent dans cette contrée qui devint le centre géographique de l'ancienne Europe, entre la Bourgogne et la Bohême. Les Celtes se retrouvèrent sous domination romaine à l'époque de César. Au IIIe siècle après Jésus-Christ, des tribus germaniques, Alamans, Bavarois et Souabes, envahirent la région. Plus tard, les Mérovingiens et les Carolingiens en firent la conquête.

La région du lac de Constance contribua largement à la création de l'Occident chrétien. Elle constitua très tôt une base du christianisme. Des moines irlandais y arrivèrent dès le VIIe siècle; ils fondèrent les abbayes de Saint-Gall et Reichenau, et cultivèrent la terre. À partir de 612, l'ermite Gallus vécut près de l'actuel Arbon sur la rive sud du lac avant de se fixer définitivement à Saint-Gall qui porte son nom. C'est sans aucun doute grâce à une énergie sacrée que cette contrée possède un sol si fécond!

Mainau, une île paradisiaque où prolifèrent des fleurs et des plantes que l'on ne trouve habituellement que sous des cieux méditerranéens. Tulipes, roses, dahlias, palmiers et citronniers poussent à profusion. Base militaire romaine à l'origine, puis fief de chevaliers, l'île devint la propriété de l'abbaye de Reichenau à partir du VIIIe siècle. En 1272, l'ordre Teutonique y édifia une commende. Les Suédois dévastèrent l'île durant la guerre de Trente ans. Au XVIIIe siècle, le baron Reinhard Ignaz Franz von Schönau fit construire les splendides édifices baroques de Mainau. En 1827,

Nikolaus Esterházy-Galantha verkauft; dieser begann hier wertvolle Bäume anzupflanzen. Der nächste Besitzer war Friedrich von Baden, der den Schlosspark neu gestaltete. Danach war die Insel Mainau Witwensitz der Großherzogin Luise von Baden, einer Tochter Kaiser Wilhelms I. Über Königin Victoria von Schweden kam die Insel Mainau damit 1932 in den Adelsbesitz der Grafen Bernadotte. 1974 ging der Besitz in eine Stiftung über. Die Blumeninsel mit ihrer subtropischen Vegetation ist heute Anziehungspunkt für über 1 Millionen Besucher pro Jahr. Das auf 45 Hektar erschlossene Areal bietet Tiergehege, Pflanzen- und Blumenarrangements, Naturerlebnispfad, Kräuter- und Therapiegarten. In der besonders sehenswerten Schlosskirche können Hochzeiten und Taufen gefeiert werden. Auch für Kongresse, Konzerte und Ausstellungen bietet die Insel ein schönes Ambiente.

Walahfrid Strabo, Abt auf der Reichenau, beschreibt im frühen neunten Jahrhundert sein Heimatkloster voller Stolz so: „Es liege an einem Meer, das vom Rheinstrom gebildet werde, in der Mitte Alemanniens und Deutschlands und sei mit Italien und Rom verbunden. Der Bodensee, als die Region der Mitte, ist auf dem halben Weg gelegen zwischen den Zentren des Heiligen Römischen Reiches im Norden und im Süden." Kaiser Barbarossa machte bei seinen Italienzügen in Konstanz Station, um von hier aus wichtige Staatsgeschäfte zu regeln. Seinem Enkel, dem jungen Friedrich II., öffnete die Stadt 1212 ihre Tore und gab ihm die Rheinstraße zur Königswahl in Frankfurt und zur Krönung in Mainz frei.

Zur Zeit der Kirchenspaltung (Schisma) bot sich wiederum eine Bodenseeregion als Mittler und Mittelpunkt an: In Konstanz tagte von 1414 bis 1418 das Konzil, das die Einheit der Kirche wieder herstellte und den Kampf gegen die neue Ketzerei des Jan Hus eröffnete. Der Reformator wurde vor den Toren der Stadt verbrannt. Das war das letzte Ereignis von epochalem Rang. Danach geriet die Bodenseeregion in den Windschatten der Geschichte.

began to plant rare trees here. The next owner was Frederick of Baden, who re-designed the castle park. After that the island was the dowager seat of Great Duchess Luise of Baden, a daughter of Emperor William I. Over queen Victoria of Sweden the island Mainau came into the aristocracy possession of the counts Bernadotte in 1932. In 1974 the Lake came into possession of a foundation. The floral isle with its sub-tropical vegetation draws nearly two million visitors each year. The 45-hectare-large area comprises a wildpark, plant and floral arrangements, a nature trail and medicinal herb garden. The magnificent castle church can be hired for weddings and baptisms. The island also provides a fine setting for conferences, concerts and exhibitions.

In the early ninth century, Walahfrid Strabo, abbot on the island of Reichenau, described his monastery with great pride in the following words: "It lies on a sea, formed by the river Rhine, in the midst of Alemannia and Germany and is linked to Italy and Rome". Lake Constance is the central region halfway between the centres of the Holy Roman Empire in North and South. Emperor Barbarossa stopped at Konstanz on his Italian crusades to deal with important state business. In 1212 the city opened its gates to his grandson, the young Frederick II, and gave him free passage on the Rhine Road to his election as King in Frankfurt and coronation in Mainz.

At the time of the schism, the region round Lake Constance took the role of a mediator. The Council of Constance met here from 1414 to 1418, re-established the unity of the church and began the battle against what was seen as Jan Hus' heresy. The Reformer was burned to death outside the city gates. This was the last epoch-making event, the region subsequently drifted away from the mainstream of history. The people will not have regretted it, for the region remained a blessed one in many ways, partly because it was no longer involved in the great events of history. The people cultivated their vines and their fruit, developed trading and transport links.

le prince Nikolaus Estherházy-Galantha acquit l'île et commença à y planter des espèces arboricoles rares. Il la revendit à Frédéric de Bade qui fit réaménager le parc. La grande-duchesse Louise de Bade, une fille de l'empereur Guillaume Ier, se retira à Mainau après la mort de son époux. La Reine finie Victoria de la Suède est venue l'île Mainau de ce fait 1932 dans la possession d'aristocracy des comptes Bernadotte. Puisque 1974 que la possession a changés en donation. Chaque année, l'île fleurie, à la végétation subtropicale, attire presque de 2 millions de visiteurs. Le parc de 45 hectares comprend des enclos d'animaux sauvages, des futaies d'arbres rares, de magnifiques arrangements floraux, des jardins d'herbes aromatiques et de plantes médicinales. La belle église du château offre un cadre admirable pour la célébration de mariages et de baptêmes. Par ailleurs, l'île accueille de nombreux congrès, expositions et concerts.

Au début du IXe siècle, Walahfrid Strabo, abbé de Reichenau, décrivait avec fierté son abbaye: « Elle se dresse près d'un lac traversé par le Rhin, au coeur du pays allemand, et entretient des contacts étroits avec l'Italie et Rome... » Le lac de Constance était la « région du milieu » située à mi-chemin entre les centres nord et sud du saint Empire romain. Lors de sa campagne d'Italie, l'empereur Barberousse séjourna à Constance d'où il régla d'importantes affaires d'État. En 1212, la ville ouvrit ses portes à son petit-fils, Frédéric II, qui remonta le Rhin pour aller se faire élire roi à Francfort et recevoir sa couronne à Mainz.

La région de Constance joua également un rôle majeur à l'époque du Schisme: De 1414 à 1418, c'est à Constance que siégea le Concile qui devait restaurer l'unité de l'Église et engager la lutte contre l'hérésie de Jan Hus. Le réformateur fut brûlé vif devant les portes de la ville. Cet événement est le dernier d'importance historique que vécut la région. Le lac de Constance se retira ensuite dans l'ombre de l'histoire. On peut fort bien s'imaginer que sa population ne le regretta nullement, car en demeurant à l'écart

Die Menschen hier werden es nicht bedauert haben, denn die Gegend blieb ein gesegneter Landstrich, gerade weil sie keine große Geschichte mehr machen wollte. Sie bauten ihren Wein und ihr Obst an, entwickelten Handel und Gewerbe, wichtige Verkehrsrouten führten am See vorbei. Das Heilige Römische Kaiserreich in Mitteleuropa zerfiel langsam in Nationalstaaten. Der Bodenseeraum, der ehemals eine Mitte bildete, wurde nun Grenzlandregion.

Heute verbindet und trennt der Bodensee gleich drei Staaten: Deutschland, Österreich und die Schweiz. Aber man nimmt es hier mit den Grenzen nicht so genau. Ihr exakter Verlauf im See ist immer noch unbestimmt. Das passt ganz gut zu der Gegend, wo nicht nur ein mildes, mediterranes Klima herrscht. Hier hat sich auch eine gelassenere Einstellung zum Leben entwickeln können.

In der Inselstadt Lindau zeigt sich einem ein schmuckes, kleines Häuschen, wo um 1800 Augustin Sumser gelebt haben soll, ein Spieldosenmacher, Lebenskünstler und Liebling der Frauen. Eine Figur - halb Wirklichkeit, halb Phantasie. Ein geschickter Handwerker mit einem Gemüt voller Melodien, ein ewiger Wanderer auf dem Uferweg zwischen Meersburg und Bregenz; einer, der die Stimmungen der Jahreszeiten rein verkörperte, abwechselnd melancholisch und fröhlich, stürmisch und mild. Eine Fürstäbtissin schlich sich zu ihm, und vom großen Magnetiseur Franz Anton Mesmer in Meersburg erhielt er das Himmelbett einer französischen Prinzessin zum Geschenk. Die große Welt kam zu ihm, er suchte sie nicht, denn er wollte seine Ruhe haben, hier in Lindau - trotz einiger Stürme, die so heftig, aber auch so kurz waren, wie sie am Bodensee zu sein pflegen. Wenn es so etwas gibt wie den Bodensee als Lebensform, dann ist der „liebe Augustin", wie man ihn nannte, die Verkörperung. Ein Don Juan ohne Dämonie.

The Holy Roman Empire in Central Europe was slowly broken up into individual nation states. The region around Lake Constance that once had formed a centre became periphery.

Today, Lake Constance links and separates three states: Germany, Austria and Switzerland. But the borderlines are not exactly precise, and are still unclearly delineated as far as the lake itself is concerned. This is fitting for an area where there is not only a mild, Mediterranean climate, but where, also, a more free-and-easy attitude to life has developed.

In the town of Lindau they show you a quaint little house where Augustin Sumser is said to have lived around 1800, a music box maker who always knew how to make the best of things, and a ladies' man. A figure, half real, half imaginary. A skilled craftsman with a soul full of melodies, a passionate hiker on the Meersburg and Bregenz shoreside hiking trail, someone who embodied the changing moods of the seasons, melancholy and cheerful, stormy and mild. A princess-abbess was one visitor to his chamber, and from the great mesmerist Franz Anton Mesmer he received the gift of a French princess's four-poster bed. The big wide world came to his door, he did not go out in search of it, for he wanted to enjoy the peace and quiet of his life in Lindau – despite a few violent storms, which passed over quickly, as they always do on Lake Constance. If there is anything that embodies Lake Constance as a lifestyle, it is "dear old Augustin", as he was called. A Don Juan totally devoid of any demonic side.

The Romantic writer Novalis once said one should feel a landscape as if it were a body. "Every landscape is an idealised body for a special kind of spirit." Landscapes today rarely retain their original character. But their spirit is still there, waiting modestly in the background. If you seek it, you must search it out actively; but then it reveals itself gladly.

des grands événements historiques, la région put se développer dans la paix et la sérénité. Ses habitants cultivaient la vigne et les fruits ou faisaient prospérer le commerce et l'artisanat; des voies de circulation importantes longeaient le lac. Lorsque le saint Empire romain germanique se démembra peu à peu en nations autonomes, cette contrée qui en avait été le centre géographique, devint désormais un espace frontalier.

Aujourd'hui, le lac de Constance relie et sépare à la fois trois pays, l'Allemagne, l'Autriche et la Suisse. Mais ici, on ne prend pas trop les frontières au pied de la lettre. Leur tracé dans le lac n'est toujours pas délimité avec précision. Cela rejoint tout à fait la conception sereine de la vie qui, comme le climat méditerranéen, marquent ce terroir.

Sur l'île de Lindau, on montre aux visiteurs une petite maison pittoresque qu'aurait habitée Augustin Sumser vers 1800. Ce personnage en qui se mêlent réalité et fiction, fabriquait des boîtes à musique, était hédoniste et adoré des femmes. Un artisan habile à l'âme chantante qui hantait les rives du lac entre Meersburg et Bregenz et incarnait toutes les humeurs des saisons, mélancolie et gaieté, orage et douceur. Une abbesse de sang princier lui rendait visite en secret et le grand magnétiseur Franz Anton Mesmer lui fit cadeau du lit à baldaquin d'une princesse française. Le beau monde venait le trouver; lui ne recherchait que sa tranquillité, ici à Lindau - en dépit des orages aussi violents que courts qui s'abattent parfois sur le lac. Si l'on devait comparer le lac de Constance à un être humain, ce serait ce « cher Augustin », ainsi qu'on le surnommait. Un don Juan, mais sans aucun esprit démoniaque. L'écrivain romantique Novalis dit un jour qu'il fallait percevoir un paysage comme un corps humain. « Chaque paysage est un corps idéalisè pour une certaine forme d'esprit ». Peu de paysages ont conservé leur nature d'origine; mais leur esprit est encore là; seulement, il ne s'impose plus, il ne s'ouvre pas à l'observateur qui demeure passif. Néanmoins, cet esprit vient à la rencontre de celui qui part à sa recherche.

Der Romantiker Novalis sagte einmal, eine Landschaft müsse man fühlen wie einen Körper. „Jede Landschaft ist ein idealistischer Körper für eine besondere Art des Geistes". Landschaften bewahren heute kaum noch ihr ursprüngliches Gepräge. Aber ihr Geist ist noch da, nur drängt er sich nicht mehr auf und hüllt einen nicht mehr ein ohne das eigene Zutun. Man muss sich schon auf die Suche begeben, dann aber kommt er einem doch entgegen.

Der Geist dieser Region spiegelt sich in ihren Geistern. Da ist zum Beispiel der eben erwähnte Franz Anton Mesmer. Er stammt vom Bodensee und starb dort. Er war Arzt und entdeckte den sogenannten animalischen Magnetismus, eine Lehre, die Europa während des "new age" im 18. Jahrhundert ein halbes Jahrhundert in Atem hielt. Vielleicht war es wirklich die versöhnlich stimmende Atmosphäre dieser Region, die Mesmers Idee begünstigte, wonach es ein kosmisches Spannungsgleichgewicht gibt, eine fluidale Harmonie, die sich im Fall einer Störung durch magnetische Striche wiederherstellen lässt. Mesmer bediente sich der Hypnose, er setzte sich „in seelischen Rapport" zu seinen Patienten, wie man damals sagte, und erzielte außerordentliche Heilerfolge. Er praktizierte in Wien, wo er mit den Mozarts befreundet war, dann in Paris. Am Vorabend der Revolution lag ihm dort die aristokratische Gesellschaft zu Füßen. Er war ihr Abgott. Nach Ausbruch der Revolution musste auch er fliehen. Und so endete seine Karriere, die ihn in die ganz große Welt empor gehoben hatte, wieder in Meersburg in einem kleinen Häuschen der Vorburggasse, nördlich des neuen Schlosses. Wenn der alte Seelenzauberer von Ausflügen nach der Mainau im Kahn nach Meersburg zurückkehrte, flatterten die Kanarienvögel ihm nach und setzten sich auf seine Schultern und seinen breiten Hut.

Überhaupt Meersburg. Noch heute ist es ein Städtchen wie aus dem Bilderbuch deutsch-romantischer Mittelalterträume. Annette von Droste-Hülshoff verlebte ihre letzten Jahre in den Turmzimmern der alten Burg mit herrlicher Bodensee-Aussicht.

The spirit of the region reveals itself in its ghosts. There is, for example, the original mesmerist, Franz Anton Mesmer, mentioned above. He was born in the region and died there. He was a doctor and discovered what we now call mesmerism, a science that held Europe in its sway for half a century during the new age in the 18th century. Maybe it was the conciliatory atmosphere of the region that fostered Mesmer's idea that there is a cosmic balance, a fluid harmony that can be restored in the event of disturbances by means of magnetism. Mesmer made use of hypnosis and established a spiritual understanding with his patients, which, he said at the time, was the basis of his amazing cures. He practised in Vienna, where he made friends with the Mozarts, then in Paris. On the eve of the Revolution, the French aristocratic society worshipped him. He was their idol. When the Revolution broke out, he was forced to flee, too. And thus his career, which had transported him out into the big wide world, indeed into the highest echelons of it, came to an end again in Meersburg, in a little house in the Vorburggasse, to the north of the new castle. When the old magician of the soul returned by boat to Meersburg from outings to Mainau, he was followed by fluttering canaries that alighted on his shoulders and his broad hat.

Meersburg. Even today it is a little town straight out of a medieval picturebook, full of dreamy German romanticism. Annette von Droste-Hülshoff spent her final years in the tower of the old castle. In the Biedermeier period, she was determined, through the power of her poetry, to fill these comfortable surroundings with a touch of heroicism. But the heroic has a difficult time of it in this little corner of the world. Perhaps this is why Moerike was more successful with his epic "Idyll of Lake Constance". Mörike had visited Lake Constance several times. "When I think of it, my soul expands wide, like its mirror of light", is how one poem puts it. And at the end of a trip to Lake Constance he wrote home: "It hurts me to part, and between you and me, the

L'esprit de la région se reflète dans ses grands esprits tel Franz Anton Mesmer, cité ci-dessus. Ce médecin, né et mort au lac de Constance, découvrit le magnétisme animal (mesmérisme), une théorie qui tint l'Europe en haleine durant cinquante ans; « new age » au XVIIIe siècle. L'atmosphère douce et paisible de la région a peut-être favorisé la croyance de Mesmer en un équilibre cosmique des tensions, une harmonie fluidique qui, si elle était perturbée, pouvait être rétablie par le magnétisme. Mesmer se servait de l'hypnose; il entrait en « rapport spirituel » avec ses patients, comme on disait alors, et obtenait un taux élevé de guérison. Il pratiqua à Vienne où il était ami des Mozart, puis vint s'installer à Paris. Adulé de l'aristocratie française, il dut fuir lorsque la Révolution éclata. C'est ainsi qu'il acheva la carrière qui l'avait élevé dans les rangs des puissants à Meersburg, dans une modeste maison de la Vorburggasse, au nord du Nouveau Château. Lorsque le vieux magicien des âmes revenait en barque d'excursions qui l'avaient mené à Mainau, on dit que les canaris de l'île volaient derrière lui et se posaient sur ses épaules et sur les bords de son large chapeau.

Meersburg est restée une petite ville empreinte de romantisme allemand; elle semble sortir d'un livres de contes médiévaux. Annette von Droste-Hülshoff passa les dernières années de sa vie dans le donjon de l'Ancien Château où elle s'éteignit en 1848. La poétesse célèbre chercha à raconter cette région sereine en vers épiques, mais l'épopée n'a guère de place dans un coin de terre aussi béni. « Idylle du lac de Constance », le poème d'Eduard Mörike qui séjourna plusieurs fois sur les rives du lac, rend peut-être davantage son atmosphère: « Quand je pense au lac, mon âme devient aussi vaste que son miroir lumineux... » À la fin d'un séjour, il écrit dans une lettre aux siens: « Je souffre d'avoir à quitter cet endroit, et entre nous, mon retour à Stuttgart m'horrifie. » Rentré chez lui, il composa les sept odes de « Idylle du lac de Constance » dans lesquelles il évoque le son magique d'une cloche provenant d'une chapelle au bord le lac.

In biedermeierlicher Zeit wollte sie diesem gemütvollen Lebensraum mit aller poetischen Kraft dort auch eine heroische Seite abgewinnen. Aber das Heroische hat es schwer in diesem begnadeten Weltwinkel. Deshalb hat Mörike mit seinem Versepos „Idylle vom Bodensee" doch vielleicht einen besseren Griff getan. Mörike hatte mehrere Male den Bodensee besucht. „Denk ich an ihn, gleich wird mir die Seele so weit wie sein lichter Spiegel...", heißt es in einem Gedicht. Und am Ende einer Bodenseereise schreibt er nach Hause: „Es tut mir weh, aus dieser Gegend zu scheiden, und unter uns gesagt - vor Stuttgart graut mir insgeheim." Zu Hause angekommen, verfasste er die sieben Gesänge seiner „Idylle vom Bodensee" in denen von einer zauberhaft schön klingenden Glocke im Turm einer zerfallenen Kapelle am See erzählt wird. Die Glocke ist verschwunden und durch eine andere von geringerer Kunst ersetzt worden. Aber auch diese ist nicht mehr aufzufinden. Im Glockenstuhl hängt nur noch ein alter Hut, aber dafür hat man von dort oben eine berückende Sicht auf den See. So wie Mörike ergeht es bis zum heutigen Tag manchen Liebhabern des Bodensees: Er ist schön, doch die Träume, die Erinnerungen und Imaginationen, zu denen er einlädt, sind noch schöner. Der See selbst ist bescheiden. „Träumt ihr nur, ich warte derweil", scheint er zu verkünden und hüllt sich, wie so oft, in Nebel.

Auch diese Nebel in den späten Herbstmonaten, wenn von den Alpen die kalten Winde auf den noch vom Sommer erwärmten See treffen, sind charakteristisch. Hermann Hesse, der Anfang des 20. Jahrhunderts am Untersee der Halbinsel Höri lebte, empfing hier die Inspiration für das berühmte Gedicht: „Seltsam, im Nebel zu wandern! / Einsam ist jeder Busch und Stein, / kein Baum sieht den andern / jeder ist allein." Über den verhüllten Bodensee gibt es auch die Geschichte vom Ritt über den Bodensee. Die Ballade von Gustav Schwab erzählt davon: Ein ortsfremder Reiter will „noch heut" an den See in dringenden Geschäften. Er reitet im Winter über ein weites flaches Land, wo Wasserhühner emporflattern,

thought of Stuttgart is secretly abhorrent." Back home, he drafted the seven verses of his "Idyll of Lake Constance", in which he speaks of a magical sounding bell ringing out in the crumbling tower of a shoreside chapel. The bell has disappeared and was replaced by one of lesser artistry. But this one has never been found, either. In the belfry there is only an old hat, but this is compensated for by a magnificent view of the lake. Many present-day lovers of Lake Constance express sentiments similar to Mörike's. It is beautiful, but the dreams, memories and phantasies that it evokes and encourages are even more so. The lake itself is modest: "you dream, I will wait", it seems to say, and shrouds itself in mist, as so often.

The mist in the late months of autumn, when the cold Alpine winds meet the still summery warm waters of the lake, are very characteristic. Hermann Hesse, who lived on the Höri peninsula at the turn of the 20th century, was inspired to write his famous poem by this: "It is strange to wander in the mist / Lonely, every bush and stone, / Not a tree sees another / All are alone". There is the shrouding Lake Constance, the one about the ride over the lake. The ballad by Gustav Schwab tells the story: A rider, unfamiliar with the area, wants to get to the lake in all urgency, and it must be today. He rides across a broad expanse of flat land, scattering moorhens as he goes, and when he approaches the first lights he realises that he just rode across the frozen lake. Gustav Schwab's rider's heart stops still, his hair stand on end. Close behind him grisly danger shows its grinning face. He sinks from his horse, stone dead. But that is not in fact what must have happened. The story that the ballad is based on was rather less dramatic: The messenger, a vassal of an Alsatian governor, did not fall off his horse dead from fright in January 1573, but stopped at an inn in Ueberlingen, where he partook liberally of the local wine. A sequence of events more in keeping with the lifestyle of the region. Records have been kept for quite some while of the rare occur-

La cloche a disparu de la tour du petit bâtiment en ruine. Un vieux chapeau est accroché à sa place, mais ce qui reste immuable est la vue extraordinaire sur le lac. Jusqu'à aujourd'hui, les passionnés du lac de Constance vivent la même expérience que Mörike: Le lac est beau certes, mais la rêverie et les souvenirs qu'il provoque sont encore plus beaux. Le lac en soi est empreint de modestie. Il s'enveloppe parfois de brume et semble proférer: « Rêvez pendant que j'attends ».

Les brumes automnales sont en effet caractéristiques de la région. Elles se créent lorsque les vents froids des Alpes soufflent sur le lac qui a conservé la chaleur de l'été. Au tournant de 1900, Hermann Hesse vivait sur la presqu'île Höri dans le lac Inférieur. Ce lieu lui inspira un poème célèbre dans lequel il décrit le sentiment étrange de marcher dans la brume entre des arbres, des taillis, des pierres solitaires. Il existe un autre poème évoquant le lac noyé dans la brume. Une ballade de Gustav Schwab raconte le périple d'un cavalier qui ne connaît pas l'endroit et doit se rendre à Constance pour affaires pressantes. C'est l'hiver, il chevauche le long d'une vaste plaine où volent des poules d'eau. Arrivé à la première masure où brille une lumière, il apprend qu'il vient de traverser le lac gelé. Son sang se glace; l'effroyable danger ricane encore dans son dos; il tombe raide mort de cheval. La ballade de Gustav Schwab se base sur une histoire réelle, qui ne s'est toutefois pas terminée aussi dramatiquement: le messager envoyé par le bailli d'Alsace en janvier 1573 ne mourut pas de peur, mais se rendit à une taverne de Überling pour noyer son effroi dans le vin du pays. Une conclusion qui traduit davantage l'esprit de ce terroir. Des registres sont tenus sur le phénomène naturel du gel du lac; il revient rarement, trois fois en un siècle au maximum et est pour la première fois mentionné en l'an 875. Au cours du dernier siècle, le lac n'a gelé qu'une fois, en 1963.

und als er an den ersten Lichtern ankommt, erfährt er, dass er soeben über den zugefrorenen See geritten ist. Bei Gustav Schwab stockt dem Reiter das Herz, und es sträubt sich sein Haar. Dicht hinter ihm grinst noch die grause Gefahr. Er sinkt tot vom Ross. Aber so war es wohl nicht. Die Geschichte, auf die sich die Ballade stützt, verlief weniger dramatisch: Der Bote, ein Knecht des Elsässer Landvogts, fiel nach seinem Ritt im Januar des Jahres 1573 nicht vor Schreck tot vom Pferd, sondern kehrte in einem Überlinger Gasthaus ein, wo er dem hiesigen Wein tüchtig zusprach. Ein solcher Verlauf ist wohl eher die Bodenseeart. Über das seltene Naturereignis des gänzlich zugefrorenen Sees, der sogenannten Seegfrörne, wird am Bodensee seit langer Zeit schon buchgeführt. Durchschnittlich zwei bis dreimal in einem Jahrhundert kommt es vor. Für das Jahr 875 ist die Gfrörne das erste Mal belegt. Im letzten Jahrhundert ist der See nur einmal 1963 zugefroren.

Noch vor einem Jahrhundert gab es hier einen ungetrübten Stolz auf die neue Zeit, die mächtig Einzug hielt. Damals baute Graf Zeppelin in Friedrichshafen seine Luftschiffe. Man rechnete mit einem gewaltigen Industrialisierungsschub, denn die Zeppeline sollten auch für militärische Zwecke gebaut werden. Daraus wurde dann nichts. Die Zeppeline jedenfalls brachten es nur bis zur vergnüglichen Luftschifferei. Der junge Hermann Hesse hat an einem schönen Juli-Sonntag im Jahre 1911 an solch einer Himmelsfahrt teilgenommen und seinen Bodensee dadurch auf eine neue eben übersichtliche Art schätzen gelernt.

Am besten nimmt man mit einer Zeppelinfahrt oder einem Rundflug aus luftiger Höhe vom See Abschied. Man sieht nah und fern Städte still um den See stehen, der auch an Größe verliert, je höher man steigt. Die großen Zusammenhänge der Landschaft, die Formen der Ufer mit den Ausläufern der Berge, von den Arlberger und Graubündner Alpen über die Vorberge und Uferhügel hinweg, werden sichtbar.

rence of the lake freezing over. It happens twice to three times a century, the first record dates from the year 875. In the last century it froze over only once, in 1963.

Not yet a century ago, there was unalloyed pride about the advances of modern civilisation. Count Zeppelin built his airships in Friedrichshafen. A great wave of industrialisation was expected, as the zeppelins were also to be used for military purposes. But things turned out differently, with zeppelins only being used for peaceful pleasure purposes. In his young days Hermann Hesse took part in a flight on a July Sunday in 1911, and he got to know the Lake Constance he knew from quite a different perspective.

The best way to bid the lake farewell is from up in the air, in a zeppelin or on a circular flight. You see the lakeside towns dotted around the shore, the lake getting smaller and smaller the higher you go. And you see the lake in its overall setting, the shoreline, the Alpine foothills, away to the Arlberg and Graubünden mountains. You see the Rhine, a great river, an important waterway, steeped in history, and you can trace it right back to the high mountains. Its waters fill Lake Constance, creating a huge reservoir, whence it flows gently through Germany to the North Sea. From up here our beloved Lake Constance does not seem to have changed at all.

The finest buildings of all kinds in the region are linked by the Upper Swabian Baroque Road and several other minor tourist routes. They take in all the highlights of baroque architecture. If you leave Konstanz by ferry and travel north, you will see from afar the facade of Meersburg's baroque castle, seat of the prince-bishops of Konstanz. On the way to Überlingen you reach Maurach and the monastery church of Birnau, a unique composition of stucco work and frescoes, designed by Peter Thumb, the interior decorated by Joseph Anton Feuchtmayer.

Au début du XXᵉ siècle, la région entra avec fierté dans les temps modernes. Le comte Zeppelin bâtit son vaisseau aérien à Friedrichshafen. On s'attendait à un énorme essor de l'industrie puisque le dirigeable devait être aussi construit pour des usages militaires. Mais il n'en fut rien. Le zeppelin ne dépassa pas le domaine de l'aviation civile. Par un beau dimanche de juillet, en 1911, le jeune Hermann Hesse monta à bord d'un zeppelin et découvrit, dans une nouvelle perspective aérienne, son cher lac de Constance qu'il aimait tant chanter.

La meilleure façon de faire ses adieux au lac de Constance est depuis les airs. Si le zeppelin n'existe plus, une excursion en avion fait découvrir d'emblée toute la région. On embrasse d'un regard les localités situées sur les rives ou dans l'arrière-pays du lac miroitant qui s'amoindrit à mesure que l'avion prend de l'altitude. Le paysage dévoile sa complexité, depuis les tracés variés des rives, les contreforts des montagnes, de l'Arlberg et des Grisons, aux collines qui moutonnent vers les rives du lac. C'est là que coule le Rhin, le grand fleuve porteur d'histoire, après avoir tracé son lit entre de hauts massifs. Il remplit le lac de Constance de ses masses d'eau, en fait un immense réservoir, avant de poursuivre son cours à travers l'Allemagne, jusque dans la mer du Nord. En fait, vue du ciel, la contrée du lac de Constance est pratiquement identique à celle que célébraient les poètes des siècles passés.

La Route baroque de la Haute-Souabe et ses routes secondaires conduisent aux architectures les plus intéressantes de la région. En partant de Constance vers le nord, à bord d'un bateau, on découvre de loin la façade de l'admirable château baroque de Meersburg, siège des princes-évêques de Constance. En direction d'Überlingen, après Maurach, se dresse la belle église baroque de Birnau, édifiée en 1749 par le célèbre architecte Peter Thumb et décorée de stucs splendides dus à Joseph Anton Feuchtmayer. L'église du château de Friedrichshafen,

Dort verläuft der Rhein mit seiner Größe, Bedeutung und Geschichte weit hinauf bis ins hohe Gebirge. Er füllt den Bodensee mit seinen Wassermassen zu einem riesigen Wasserreservoir auf, von dort fließen sie gemächlich durch Deutschland bis sie in die Nordsee einmünden. Tatsächlich, von hoch oben gesehen, hat sich unser geliebter Bodensee fast gar nicht verändert.

Die schönsten barocken Bauwerke sind durch die Oberschwäbische Barockstraße und mehrere Neben-routen touristisch aneinandergebunden. Sie führen zu den Höhepunkten barocker Baukunst. Wenn Sie von Konstanz mit der Fähre nach Norden fahren, sehen Sie schon von Weitem die Fassade des Meersburger Barockschlosses, Sitz der Konstanzer Fürstbischöfe. In Richtung Überlingen kommen Sie nach Maurach zu einer einzigartigen Komposition aus Stuck und Fresken, der Klosterkirche Birnau, die von Peter Thumb geschaffen und von Joseph Anton Feuchtmayer innenarchitektonisch ausgestaltet wurde. Die Schloss-kirche in Friedrichshafen, die Martinskirche in Langen-argen, das Barockschloss in Tettnang und das nahege-legene Kloster Weißenau sind weitere Stationen an dieser Straße.

Glanzvollstes Werk aber ist das Kloster Weingarten mit dem größten barocken Kirchenbau nördlich der Alpen, mit einer einmaligen Barockorgel von Joseph Gabler, lebhaften Fresken, hohen Kuppeln und der feierlichen Größe. Das alles schlägt in seinem Zusam-menwirken den Besucher völlig in den Bann. Richtung Allgäu bezaubert die barocke Heiterkeit wie in der ehemaligen Reichsstadt Wangen, in Kloster Schussen-ried, im Schloss Wurzach das Rokokotreppenhaus, die Klöster in Rot an der Rot oder Ochsenhausen, die Schlösser in Wolfegg oder Althausen. Die schönste Dorfkirche der Welt, die Wallfahrts- und Pfarrkirche St. Peter und Paul, steht in Steinhausen, und am nord-östlichsten Punkt der Oberschwäbischen Barockstraße entzückt die großartige Bibliothek im ehemaligen Kloster Ulm-Wiblingen.

The castle church in Friedrichshafen, the church of St Martin in Langenargen, the baroque castle in Tet-tnang and Weißenau monastery close by, these are all further waystages.

The most resplendent work is Weingarten monastery, the largest baroque church building north of the Alps, with the unique baroque organ by Joseph Gabler, lively frescoes, high domes and majestic dimensions. Visitors are spellbound. On the way to the Allgaeu, baroque exuberance can be found in Wangen, at Schussenried monastery, then in Wurzach Palace the rococo staircase, monasteries in Rot on the Rot and in Ochsenhausen, palaces in Wolfegg and Althausen. The finest village church in the world, the pilgrimage and parish church of St Peter and Paul stands in Steinhausen, and at the northeastern end of the Baroque Road there is the magnificent library of the former monastery in Ulm-Wiblingen. The most famous baroque architects, painters and stucco workers have left their mark everywhere: the brothers Dominikus and Johann Baptist Zimmermann, Balthasar Neumann, the Thumb family, Joseph Anton Feucht-mayer and many more.

l'église Saint-Martin à Langenargen, le château baroque de Tettnang et le monastère de Weissenau ne sont que quelques unes des étapes captivantes de ce circuit.

Cependant, le joyau de la Haute-Souabe est l'abbaye de Weingarten avec la plus grande église baroque au nord des Alpes. Couronnée de hautes coupoles imposantes, elle abrite entre autres de splendides orgues baroques de Joseph Gabler, des stalles sculptées et des fresques magnifiques. Dans l'Allgäu, le style baroque séduit à Wangen, ancien-ne ville d'Empire, à l'église de Prémontrés de Schus-senried, au château de Wurzach doté d'un superbe escalier rococo, aux abbatiales de Rot an der Rot et de Ochsenhausen, aux châteaux de Wolfegg et Althausen. La plus belle église de pèlerinage du monde, œuvre de Dominikus Zimmermann, se dresse à Steinhausen; à l'extrémité nord-est de la Route baroque souabe, l'ancien monastère de Ulm-Wiblingen renferme une admirable bibliothèque rocaille. Les noms les plus célèbres des peintres, sculpteurs, architectes de la période baroque alle-mande, tels que les frères Zimmermann, Balthasar Neumann, la famille Thumb, Joseph Anton Feucht-mayer et bien d'autres encore accompagnent la découverte de l'esprit baroque de la région.

An der Hafeneinfahrt nach Lindau wird man von Bayerischem Löwen und Neuem Leuchtturm (Mitte 19. Jh.) und an der Seepromenade vom Alten Leuchtturm (13. Jh.) erwartet. Von diesen markanten Punkten aus hat man einen herrlichen Blick über den See auf Bregenz, den Bregenzerwald und das Schweizer Alpenmassiv. Die malerische Altstadt auf nur 68 Hektar gilt es mit all ihren Sehenswürdigkeiten zu erforschen (z. B. den Diebes- oder Malefizturm). Schon im 13. Jahrhundert war die freie Reichsstadt eine wichtige Station auf dem Handelsweg nach Italien.

Awaiting you as you enter the harbour are the Bavarian Lion, the New Lighthouse (mid 19th century) and the Old Lighthouse (13th century) on the promenade. From these points of prominence you have a magnificent view across the lake to Bregenz, Bregenz Forest and the Swiss Alps. The picturesque Old Town covering on only 68 hektare a number of interesting sights, including the Thieves' or Malefiz Tower. As early as the 13th century, the Free Imperial City of Lindau was an important staging post on the trade route to Italy.

A l'entrée monumentale du port, le lion bavarois, le nouveau phare (milieu du XIXe siecle) et l'ancien phare sur la promenade, accueillent les visiteurs et offrent de remarquables points de vue sur le lac, sur Bregenz, la forêt de Bregenz et les Alpes suisses. Le quartier de la vieille-ville abrite de nombreuses curiosités dont la Tour des voleurs et maléfices (Diebesturm). Dès le XIIIe siècle, la ville libre d'Empire de Lindau fut une halte importante sur la route marchande qui menait en Italie. Avant 1550, la localité s'étendait sur trois îlots reliés par des ponts; ils furent plus tard réunis par des remblais.

Der Name Lindau (Linden Au) rührt von der mit Lindenbäumen bewachsenen Flusslandschaft, die auch im Stadtwappen zu sehen sind. Das milde Bodenseeklima und die Insellage begünstigten eine frühe Ansiedelung. Durch den florierenden Fernhandel bekam die Stadt 1275 die Rechte als freie Reichsstadt zu agieren. Ein angemessenes Rathaus wurde im 15. Jahrhundert fertiggestellt, welches mit seinen gotischen Sälen und der historischen Fassade noch heute ein Aushängeschild ist. Im Erdgeschoss beherbergt es eine ansehnliche Bibliothek mit wertvollen Büchern.

The name Lindau derives from 'Linden Au', meaning water meadows with lime trees, which are also depicted in the town's coat of arms. The mild climate of Lake Constance and the island situation were factors that favoured the founding of early settlements here. As a result of its flourishing trade connections, the town received a charter as a Free Imperial City in 1275. In the 15th century, a fitting town hall was built, which, with its Gothic chambers and historic facade, still serves as an advertisement for the town. On the ground floor there is a fine library with valuable books.

Lindau, qui signifie « pré des tilleuls », doit son nom aux rives bordées de tilleuls, arbres figurant également sur les armes de la ville. Le climat doux du lac de Constance et la situation géographique des îles ont très tôt favorisé la colonisation de l'endroit. Lindau obtint dès 1275 les droits de ville libre d'Empire grâce au commerce florissant avec les pays lointains. L'hôtel de ville historique du XVe siècle témoigne de la prospérité de Lindau. Parmi ses salles gothiques, la bibliothèque située au rez-de-chaussée abrite une belle collection de livres anciens.

Eingerahmt in einem Meer von Obstbaumblüten, die sich auf der Seeseite förmlich ins Wasser ergießen, wird in Kressbronn im April das Blütenfest gefeiert. Von der Höhe der Straußner Halde führt ein Wein- und Obstlehrpfad zu einem Ausblick bis hin zu den schneebedeckten Alpen. Kressbronn, ein Ort mit Tradition, zeigt sich dennoch immer wieder offen für den Wandel der Zeit und die Lust auf Erneuerung. Der Kompassbrunnen der Künstlerin Annette Weber wurde mit den Jugendlichen von Kressbronn realisiert und schmückt den Mittelpunkt des neugestalteten Ortskerns.

Framed in an ocean of fruit tree blossoms that literally fall right into the water on the lake front, the Blossom Festival in Kressbronn is celebrated in April. From the heights of the Straussner slopes, a wine and fruit brandy path leads to a view of the distant, snow-covered Alps. Kressbronn is a town full of traditions, but has also demonstrated that it is open for changes brought on by time and the desire for renewal. The Compass Fountain of the artist Annette Weber was realised with the young people of Kressbronn and decorates the center of the newly-arranged local centre.

Kressbronn célébrée en avril, la fête aux fleurs est dans un décor formé d'une mer d'arbres fruitiers qui semble dévaler vers les rives du lac. Depuis les hauteurs de la Straussner Halde, un chemin pédagogique à travers les vignes et les vergers conduit à un point de vue d'où l'on découvre un panorama jusqu'aux Alpes enneigées. Bien que cultivant les traditions, Kressbronn ne cesse d'être ouverte à l'esprit du temps et à l'innovation. La fontaine de boussole de l'artiste Annette Weber a été réalisée avec les jeunes de Kressbronn et décore le centre du centre local nouveau-disposé.

Wasserburg hat sich den ursprünglichen Charakter der Kirchenburg bewahrt, mit den Resten der Wehrmauer am Wasser und der mit Zinnen besetzten Friedhofsmauer. Um vor den Hunnen in Sicherheit zu kommen, brachten die St. Gallener im Mittelalter hier ihre Mönche und klösterlichen Buch- und Kunstschätze unter. Den besten Blickpunkt zur pittoresken Halbinsel hat man vom Malerwinkel aus, mit dem hübschen Ensemble der dicht aneinander gereihten Gebäude, dem großen Schloss, der Kirche mit Zwiebelturm, dem Pfarrhaus mit seinem Staffelgiebel und dem Malhaus.

Wasserburg has retained its character as a former fortified church; remains of the fortifications by the water and the crennelated cemetery wall are still there. In the Middle Ages, monks brought art treasures and books here from St Gallen to stop them falling into the hands of marauding Huns. The best view of the picturesque peninsula is from the Malerwinkel corner: a pretty group of buildings huddled close together, the large castle, the onion-tower church, the parsonage with its stepped gable and the Malhaus.

Wasserburg a conservé son aspect de ville fortifiée, visible dans les vestiges des remparts et les murs crénelés du cimetière. Au moyen-âge, fuyant les Huns, c'est ici que les abbés de Saint-Gall mirent en sécurité les moines, les livres et œuvres d'arts précieux de l'abbaye. La plus jolie vue sur la presqu'île pittoresque s'offre depuis le Malerwinkel; avec ses ruelles étroites, le grand château, l'église au clocher bulbeux, le presbytère à pignons et le Malhaus. L'îlot n'était accessible que par un pont-levis avant que la riche famille Fugger ne fasse faire des travaux de remblai en 1720.

Barocker Lebensstil und Bauleidenschaft ließen die Grafen von Montfort (12.-18.Jh.) in Tettnang drei Schlösser bauen. Das letzte und sogenannte Neue Schloss (Baubeginn 1712) trieb die Grafen in den Ruin. Der mächtige Vierflügelbau wurde von namhaften Künstlern gestaltet. Das Schloss wurde zu einer wahren Fundgrube für Rokoko- und Klassizismus-Liebhaber. Bescheidener, den Möglichkeiten der Grafen angepasst, ist das Alte Schloss (um 1667) und das Torschloss. In der Umgebung wächst der Hopfen für Biere in aller Welt und im Frühjahr gibt es den besten Spargel weit und breit.

Baroque joie de vivre and a passion for building led the Counts of Montfort (12th-18th century) to build three palaces in Tettnang. The last and so-called New Palace (begun 1712) is a massive construction with four wings; it was designed and decorated by renowned artists from the area and was the Counts' undoing. The Old Palace (1667) and the Gate Palace are more modest and in keeping with the Counts' financial resources. This is where the hops come from that are used to make beer all over the world, and in the spring there is the best asparagus far and wide.

Constructeurs passionnés, les comtes de Montfort (XIIe-XVIIIe siécle) firent édifier trois châteaux à Tettnang. Le dernier, appelé le Nouveau Château, est un vaste édifice baroque comportant quatre ailes. Sa construction qui débuta en 1712 et son aménagement effectué par des artistes locaux de renom ruinèrent la famille comtale. L'Ancien Château construit vers 1667 présente un aspect beaucoup plus modeste. Tettnang est réputée pour la culture du houblon qui sert à la fabrication de la bière dans le monde entier, de même que pour ses asperges, les meilleures de la région.

Mittelpunkt der Herrschaft Montfort-Tettnang war die Stadt Tettnang; das frühere Argen sollte zur Residenz einer Nebenlinie ausgebaut werden. Die Stadt Langenargen wurde dank ihrer Manufakturen, Büchsengießereien und dem Fernhandel reich. Auf einer schmalen Landzunge am See, an der Stelle der alten Burg Argen, ließ König Wilhelm I. Schloss Montfort als eine Sommerresidenz erbauen, halb maurisch, halb gotisch, aus braunen und gelben Ziegeln. Ein Kastell mit Türmen, gotischen Fenstern und orientalischen Elementen – ein märchenhaftes Lustschloss.

The town of Tettnang was the centre of the Montfort-Tettnang domain; the former town of Argen was to be developed as the seat of a collateral line. The town of Langenargen, at the time still an island, grew wealthy thanks to its manufactories, gun foundries and extensive trading connections. On a narrow tongue of land by the lake, where Argen Castle had once stood, King William I had a summer residence built, Montfort Palace, half Moorish, half Gothic, with brown and yellow bricks. A building with towers, Gothic windows and oriental elements – a fairytale pleasure palace.

Le siège de la lignée des Montfort était Tettnang ; Argen fut choisi et agrandi pour devenir la résidence d'une branche secondaire de la famille. Langenargen qui était encore une île à l'époque, basait sa prospérité sur ses manufactures, sa fabrication d'armures et le commerce suprarégional. La localité commerçante, dotée d'un château, devint une ville seigneuriale lorsque le roi Guillaume Ier fit construire le château de Montfort. Mi-gothique, mi-mauresque, Montfort ressemble à un château de contes de fées avec ses tours, ses fenêtres gothiques et ses éléments orientaux.

Wo die Natur den Tisch so üppig deckt und großzügig die Fässer füllt, lässt es sich herrlich genießen. Hier war man immer offen in alle Himmelsrichtungen und pflegte den Handel mit den Ländern jenseits der Berge. So verband sich die heimische Küche mit einstmals Exotischem. Maultaschen und Spätzle: ein Hauch von Italien? Feinste Fischrezepte, köstlicher Käse, gekelterte Weine: ein Quäntchen Frankreich? Deftige Braten, verführerische Desserts: ein österreichisches Erbe? Feinschmecker finden hier überall wahre kulinarische Paradiese in den Gasthäusern.

In an area where nature is so bountiful, and tables and cellars overflow with its rich fruits, the pleasures of the palate are manifold. The region was always open to outside influences, plied its trade far and wide. So it was a natural development for the local cuisine to adopt what was once exotic. Maultaschen and Spätzle: a hint of Italy? Exquisite fish recipes, tasty cheeses, locally pressed grapes: a touch of France? Hearty joints of meat, seductive desserts: an Austrian legacy? Lovers of fine food and drink are invited to paradise in stylish restaurants.

On ne peut être qu'épicurien dans une contrée où la nature remplit les tables et les tonneaux en abondance. Depuis toujours, le lac de Constance a regardé par-dessus ses frontières et fait du commerce avec bien des pays au-delà des montagnes. La cuisine locale a ainsi intégré nombre d'éléments exotiques. Ravioles et spätzle: une touche italienne? Plats raffinés de poissons, fromages délicieux, vins fins: l'influence française? Rôtis en sauce, desserts affriolants: un héritage autrichien? Les gourmets trouveront partout les plaisirs de la table.

Bacchus auf dem Weinfass

Im Neuen Schloss Montfort in Tettnang steht das Symbol des Weingottes Bacchus, der sich hier am Bodensee zu Hause fühlt. Einige hundert Weinberge sonnen sich rund um den See. Die meistangebaute Rebsorte ist der Müller-Thurgau, die weltweit erfolgreichste Neuzüchtung. Ein typischer Bodenseewein ist der Weißherbst, der hauptsächlich in der Umgebung von Meersburg wächst. Aber auch das Bier hat hier eine lange Tradition, denn vom Bodenseeraum kommt der Hopfen, der dem Bier seinen Geschmack gibt.

Bacchus on the wine cask

In New Montfort Palace in Tettnang, the symbol of the god of wine, Bacchus, is very much at home; here – and in the region of Lake Constance. Several hundred vineyards soak up the sun around the shores of the lake. The most widely cultivated grape is Müller-Thurgau, the most successful recent cultivation in the world. One of Lake Constance's typical wines is the Weissherbst, produced mainly around Meersburg. But beer has a long tradition here, too, for the region is a traditional hops-growing area.

Bacchus sur son tonneau

C'est au Nouveau Château de Tettnang que l'on peut voir ce symbole de Bacchus, bien que le dieu du Vin soit chez lui partout dans la région de Constance. Une centaine de vignobles s'imprègnent de soleil autour du lac. Le cépage le plus cultivé est le Müller-Thurgau, une des nouvelles espèces les plus populaires dans le monde. Parmi les vins typiques de la région, citons le « Weissherbst », produit principalement sur le territoire de Meersburg. Mais outre le vin, la bière fait aussi partie de la tradition. Le lac de Constance est en effet un grand producteur de houblon.

Friedrichshafen ist unverkennbar eine Messe- und Industriestadt. Der Bodensee erreicht hier mit über 14 Kilometern seine größte Breite. Friedrichshafen heißt die Stadt erst seit 1811, als König Friedrich von Württemberg die alte Reichsstadt Buchhorn mit dem Kloster Hofen zusammenlegte. Lebhafter Mittelpunkt der Stadt ist der Hafenbahnhof, der 1933 im Bauhausstil errichtet wurde und heute das Zeppelin Museum Friedrichshafen mit Technik und Kunst beherbergt. Auf 4000 m² wird die weltweit bedeutendste Sammlung zur Geschichte der Luftfahrt präsentiert.

Friedrichshafen is unmistakably an exhibition centre and industrial town. Lake Constance is at this point 14 km across. The town has been called Friedrichshafen only since 1811, when King Frederick of Württemberg amalgamated the old imperial town of Buchhorn with the monastery of Hofen. The port station, constructed in 1933 in the Bauhaus style, is the lively focal point of the town. It now houses the Zeppelin Museum Friedrichshafen, displaying Technology and Art. The 4000 m² display area houses the world's most extensive exhibition of aviation history.

Friedrichshafen est aujourd'hui une ville d'industrie et de foires réputée. C'est ici que le lac de Constance atteint sa plus grande largeur (14 km). La ville possède son nom actuel depuis 1811, date à laquelle le roi Frédéric Ier de Wurtemberg réunit la ville impériale de Buchhorn et le monastère de Hofen. La gare portuaire, construite dans le style Bauhaus en 1933, est le centre animé de la ville. Elle abrite aujourd'hui le musée Zeppelin, une section technique et des collections d'art. L'histoire de l'aéronautique est présentée sur 4000 m², en une exposition unique au monde.

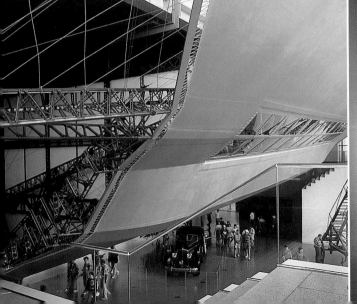

GRAF ZEPPELIN

Immenstaad liegt zwischen Apfelplantagen und dem See. Auch wenn die Industrie (Dornier-Werke) sich hier angesiedelt hat, ist der Ort idyllisch mit malerischen Fachwerkhäusern. Das Schwörerhaus (1525) sei hier erwähnt. Es war Sitz eines herrschaftlichen Vogtes, der im Erdgeschoss des Hauses die Abgaben seiner Untertanen lagerte. In der näheren Umgebung liegen drei Schlösser: Schloss Kirchberg, welches im 13. Jh. zum Kloster Salem gehörte, das Renaissance-schloss Hersberg über den Weinbergen und das bürgerliche Schloss Helmsdorf.

Immenstaad is situated between apple orchards and the lake. Despite the fact that the Dornier Works were set up here, the town is still idyllic with picturesque timbered houses. The Schwörerhaus (1525) deserves special mention as the residence of a nobelman's governor, who stored the levies collected from his subjects on the ground floor. In the vicinity there are three castles: Kirchberg Castle, which became the property of Salem Monastery in the 13th century; the Renaissance palace of Hersberg towering up above the vineyards and the bourgeois Helmsdorf Castle.

Immenstaad s'étend entre des vergers de pommiers et le lac. Bien que l'endroit soit industriel – c'est ici que sont implantés les établissements Dornier – il a gardé un charme champêtre rehaussé par des maisons à pans de bois. Le bailli des lieux entreposait les tributs des paysans au rez-de-chaussée du Schwörerhaus construit en 1578. Trois châteaux se dressent alentour de la localité. Le château de Kirchberg appartient à l'abbaye de Salem depuis le XIIIe siècle. Le château Renaissance de Hersberg surplombe les vignobles tandis que Helmsdorf ressemble à un manoir.

Mit der größten Winzergenossenschaft des Bodensees wird deutlich, dass der Weinanbau in der Gegend um Hagnau an erster Stelle steht. Aber auch Fischerei wird betrieben und viele Weinbauern haben sich bereits durch den Tourismus ein zweites Standbein geschaffen. Der idyllische Ort besaß gute Verbindungen zu verschiedenen Klöstern, wie dem Reichsgotteshaus Weingarten bei Ravensburg, welches auch die Hofmeisterei um 1700 erbauen ließ, dem Schussenrieder Hof der Prämonstratenser Reichsabtei, oder dem ältesten Haus unter ihnen, dem Salmannsweiler Hof des Klosters Salem.

In the area around Hagnau, the wine industry is of prime importance, so it is hardly surprising that Lake Constance's largest wine collective is based here. Fishing also plays an important role, and many vintners have found a further source of income in tourism. This idyllic village always maintained good relations with surrounding monasteries such as the Imperial monastery of Weingarten near Ravensburg, which had a bailiff's mansion built here in about 1700. There is also the Schussenrieder Hof of the Premonstratensian Imperial abbey, or the Salmannsweiler Hof of Salem Abbey.

Située à Hagnau, la plus grande coopérative du lac de Constance montre que l'exploitation de la vigne occupe la première place dans cette région idyllique. Mais la pêche joue également un rôle important, et pour beaucoup de vignerons, le tourisme est devenu une source supplémentaire de revenus. La localité entretenait des contacts étroits avec plusieurs monastères des environs, tels que la Maison de Dieu Weingarten de Ravensburg qui fit bâtir la « Hofmeisterei » vers 1700 ; le « Schussenrieder Hof » appartenait à l'abbaye impériale des Prémontrés et le « Salmannsweiler Hof » au cloître de Salem.

Bei klarer Sicht kann man schon vom Säntis aus die Front von Meersburg mit ihren eindrucksvollen Bauwerken erkennen. Die auffallendste Stadt am Bodensee hat diese Pracht den Konstanzer Bischöfen zu verdanken, die nach der Reformation (1527) hier ihr Exil bezogen. Jedoch versank die Stadt nach der Säkularisation in einen regelrechten Dornröschenschlaf, aus dem sie erst im 20. Jh. mit dem Tourismus wieder erwachte. Ausgesprochen gut erhalten ist das Alte Schloss mit dem quadratischen Dagobertsturm. Die Dichterin Annette von Droste-Hülshoff lebte hier.

On a clear day you can make out Meersburg's impressive facade from as far away as the Saentis. The most striking town on Lake Constance owes its lustre to the Bishops of Konstanz, who went into exile here after the Reformation in 1527. After secularisation, the town fell into a fairytale slumber, not to be awoken again till the 20th century and the arrival of modern tourism. The Old Castle with the square Dagobert's Tower is especially well preserved. There are many art treasures housed in the medieval rooms, once occupied by the poet Annette von Droste-Hülshoff.

Par temps clair, on peut reconnaître depuis le mont du Säntis les édifices impressionnant de Meersburg. La ville la plus pittoresque du lac de Constance doit sa physionomie historique aux évêques de Constance qui s'y retirèrent en exil à la Réforme (1527). Cependant, après la sécularisation, la localité perdit toute importance et ne retrouva de l'animation qu'au XXe siècle, avec l'arrivée des touristes. Selon la légende, le Vieux Château, très bien conservé, aurait été bâti en 630 par Dagobert. La poétesse Annette von Droste-Hülshoff vécut dans tour carrée.

Meersburg ist ein Schmuckkästchen mit seinen verwinkelten Gässchen und malerischen Plätzen, hier kommt jeder Romantiker auf seine Kosten. Inmitten von Reben steht das hübsche Fürstenhäusle, welches Annette von Droste-Hülshoff liebevoll einrichtete, jedoch nie bewohnte. Der Ausblick von der Terrasse des Neuen Schlosses entspricht dem einer fürstbischöflichen Residenz. Durch den genialen Baumeister Balthasar Neumann erhielt das Anwesen ein beeindruckendes Treppenhaus, den schönen Festsaal dekoriert von Feuchtmayer und die Schlosskapelle.

Meersburg is a real gem with its crooked streets and picturesque squares, an eldorado for the romantic of heart. The pretty little Fuerstenhaeusle set in the midst of a vineyard was lovingly decorated by Annette von Droste-Hülshoff, although she never actually lived in it. The view from the terrace of the New Palace is that of a prince bishop's residence. The inspired architect Balthasar Neumann created a building with an impressive staircase, a fine banqueting hall and a palace chapel.

Avec ses ruelles et ses places pittoresques, Meersburg est un petit joyau médiéval qui ravira toute âme romantique. Au milieu des vignes, se dresse le Fürstenhäusle, une jolie demeure patricienne qu'Annette von Droste-Hülshoff aménagea avec amour, mais n'habita jamais. La vue depuis la terrasse du Nouveau Château montre l'ancienne résidence épiscopale dans toute sa splendeur. L'escalier remarquable, la magnifique salle d'apparat et la chapelle du château révèlent le génie de l'architecte Balthasar Neumann.

Wappen des Fürstbischofs Johann Franz von Stauffenberg am Neuen Schloss

Dichterin Annette von Droste-Hülshoff

Das Wahrzeichen Meersburgs ist das Alte Schloss, wohl die älteste bewohnte deutsche Burg. Annette von Droste-Hülshoff machte sie bekannt, doch gehen ihre Gründungsjahre bis in das 7. Jahrhundert zu dem Merowinger König Dagobert I. zurück. Als Gegensatz steht die barocke Pracht des Neuen Schlosses von 1712-1760. In beiden Schlössern sind heute sehenswerte Museen untergebracht. So friedlich wie auf dem Foto geht es am Bodensee nicht immer zu, denn er ist bekannt für plötzlich auftretende Sturmböen, Fallwinde und Föhnwetter, dem Unkundige schon häufig zum Opfer gefallen sind.

◁ **MEERSBURG**   View from Birnau

Meersburg's landmark, the Altes Schloss, is the oldest inhabited castle in Germany. Annette von Droste-Hülshoff made the castle famous, though it dates much further back, to the reign of the 7th century Merovingian king Dagobert I. In contrast, the Neues Schloss, dating from 1712-1760, is a building of Baroque splendour. Both Altes Schloss and Neues Schloss house museums that are well worth a visit. Lake Constance is not always as peaceful as it looks on this photo, as it is famed for its sudden squalls, fall winds and „Föhn" winds, all of which have frequently proved traps for the unwary and uninformed.

◁ **MEERSBURG**   Vue du Birnau

Symbole de Meersburg, l'Alte Schloss serait le plus ancien château habité d'Allemagne. S'il doit sa renommée à la poétesse Annette von Droste-Hülshoff, sa fondation remonte au VIIe siècle et au règne du roi mérovingien Dagobert Ier. Le Neue Schloss bâti de 1712 à 1760 lui oppose sa magnificence baroque. Les deux châteaux sont aujourd'hui d'intéressants musées. Le lac de Constance n'est pas toujours aussi serein que sur cette photographie ; il est connu pour ses tempêtes et ses vents soudains, dont le foehn, vent chaud et sec qui provoque des maux de tête lancinants.

Barock- u. Wallfahrtskirche BIRNAU

Sie ist das barocke Juwel vom Bodensee, die Wallfahrtskirche St. Marien. Als Sommerresidenz der Äbte vom Kloster Salem genutzt, verkörpert sie eine Hochstimmung des Katholizismus und den Prunk und Reichtum der Äbte des Zisterzienserklosters von Salem. Baumeister Peter Thumb aus dem Vorarlberg, Joseph Anton Feuchtmayer als Stuckateur und der Maler G. Bernhard Göz haben hier ein Gesamtkunstwerk in einzigartiger Harmonie geschaffen. Oberhalb der Kirche beginnt der Prälatenweg zum Kloster Salem, dort liegt auf halbem Weg der Affenberg, auf dem sich Berberaffen tummeln.

Pilgrimage baroque church BIRNAU

It is Lake Constance's baroque gem, the pilgrimage church of St Mary. Used as a summer residence by the abbots of Salem Monastery, it is the very expression of Catholic exuberance, and of the splendour and wealth of the abbots of the monastery of Salem. Architect Peter Thumb from Vorarlberg, stucco artist Joseph A. Feuchtmayer, and painter G. Bernhard Göz combined to create a work of art of unique harmony. Above the church is the start of the prelates' trail to Salem Monastery. Halfway there is Ape Mountain, a 20-hectar wildlife park where apes roam freely.

Pélerinage baroque eglise de BIRNAU

L'église de pèlerinage de Birnau est le joyau baroque du lac de Constance. Elle dépendait de la puissante abbaye cistercienne de Salem dont elle incarnait la richesse, de même que le pouvoir du catholicisme à l'époque de la contre-réforme. Un bâtiment relié à l'église servait de résidence d'été à l'abbé de Salem. L'architecte Peter Thumb, le stucateur Joseph Anton Feuchtmayer et le peintre G. Bernhard Göz ont ici créé un ouvrage au magnifique effet d'ensemble. La voie des prélats qui mène à l'abbaye de Salem part derrière l'église; à mi-chemin s'élève la montagne des singes où une colonie de magots s'ébat sur 20 hectares.

Noch heute werden in Überschwemmungsgebieten Pfahlbauten errichtet und am Bodensee kann diese Tradition bis 4000 v. Chr. zurückverfolgt werden. Bereits in der Jungstein- und Bronzezeit lebten Fischer und Jäger in dieser Siedlungsform. 1853, nach ersten Funden am Bodensee, brach eine regelrechte romantische Pfahlbaueuphorie aus. Etwa 100 Pfahlbautensiedlungen sind bisher am Bodensee entdeckt worden. Die nachgebauten Siedlungen des Pfahlbau-Freilichtmuseums Unteruhldingen waren schon Kulisse für eine TV-Dokumentation über die Lebensweise unserer Vorfahren.

In areas liable to flooding, pile constructions are still built today, a tradition which goes back to 4000 BC in the Lake Constance region. Fishermen and hunters lived in this sort of dwelling as early as the Neolithic Period and the Bronze Age. After the first discoveries in 1853 a pile dwelling euphoria broke out. About 100 pile dwelling settlements have been discovered to date around Lake Constance. The reconstructed settlements in the open-air museum in Unteruhldingen already served as backdrop for a TV documentary about the lives of our ancestors.

Les premières maisons sur pilotis du lac de Constance datent sans doute de 4000 avant Jésus-Christ. Aux âges de pierre et du bronze, (2200 à 1100 av. J.-C.) les pêcheurs et chasseurs construisaient des villages lacustres sur les rives marécageuses et les endroits menacés de crues du lac. Une centaine de ces villages ont été découverts depuis les premières fouilles effectuées en 1853. Le musée de plein air d'Unteruhldingen est formé par la reconstitution de trois d'entre eux étaient déjà à un décor de télévision documentaire, sur la vie de nos ancêtres.

An einem Südhang des Bodensees gelegen und somit vom Klima begünstigt, wird Überlingen auch das „Nizza des Bodensees" genannt. Dass der Marktplatz Überlingen schon zu Zeiten der Staufer von großer Bedeutung war, ist bereits an der Seepromenade zu erkennen. Eine Reihe eindruckvoller Gebäude, die aus den einstigen Blütezeiten der Stadt stammen, sind von der Seeseite aus zu erkennen und prägen das Bild bis heute nachhaltig. Der Weinbau, der dem Ort zu Ansehen verholfen hat, wird bis heute betrieben; aber auch als Kneippheilbad ist der Kurort bekannt.

As Überlingen is situated on a south-facing slope of Lake Constance, it therefore enjoys a favourable climate and is often called the Nice of Lake Constance. Looking over to the lake promenade, it is easy to see that as far back as the Staufer dynasty, Überlingen's market square was of great importance. From the lake a row of impressive houses dating from the heyday of the town can be seen, which lend it a special character to this day. The vines to which Überlingen owes much of its reputation are still cultivated today, and the town is also a health resort.

S'étendant sur un versant sud du lac, Überlingen jouit d'un climat doux qui lui a valu d'être appelée la « Nice du lac de Constance ». La Promenade du Lac témoigne de la prospérité de la ville marchande à l'époque des Staufer : de superbes édifices bordant la rive rappellent l'âge d'or de la ville et dominent sa physionomie jusqu'à aujourd'hui. L'exploitation de la vigne, une source de sa richesse, reste primordiale ; mais Überlingen s'est également fait une réputation comme ville de cure Kneipp.

Das Münster St. Nikolaus (1350-1586) ragt als Wahrzeichen der Stadt empor, die fünfschiffige spätgotische Basilika bietet eine besonders gelungene Innenraumwirkung. Berühmt ist der Rathaussaal von Jakob Rueß (1492-1494) mit den Abbildungen der Stände der Vertreter des Heiligen Römischen Reiches deutscher Nationen. Das Franziskaner Tor (1495) zählt zu den schönsten Torbauten des Bodenseegebietes, es begrenzt nach Norden hin den ältesten Stadtkern. Der Stadtgarten zeigt eindrucksvoll, wie in dem milden Klima auch exotische Pflanzen gedeihen.

The Minster of St Nikolaus (1350-1586) soars above the rooftops of the town. This five-naved Late Gothic basilica has an especially pleasing interior. In the Town Hall's council chamber, designed by Jakob Ruess, (1492-1494) there are portrayals of the various classes of representatives of the Holy Roman Empire. The Franciscan Gate (1495) is regarded as one of the finest gateways in the Lake Constance area. It marks the northernmost point of the oldest part of the town. The botanical gardens provide an impressive example of how exotic plants flourish in this mild climate.

Basilique à cinq nefs de style gothique tardif, St. Nicolas (1350-1586), symbole de la ville, possède un superbe aménagement intérieur. Véritable leçon d'histoire, la salle de l'hôtel de ville de Jakob Rueß (1492-1494) abrite les portraits des représentants du Saint-Empire romain germanique. La Porte des Franciscains (1495) qui limite au nord le quartier de la Vieille-Ville, fait partie des plus belles architectures de portes de la région du lac de Constance. Le parc municipal abonde en plantes exotiques grâce au climat remarquablement doux de cette région.

Das ehemalige Zisterzienserkloster und heutige Schloss Salem, Heimat einer renommierten Privatschule, wurde 1137 gegründet und entwickelte sich schon bald zum reichsten Kloster des Ordens im ganzen süddeutschen Raum. Ab 1285 wurde das hochgotische Salemer Münster erbaut und der Barock bescherte dem Kloster eine weitere Blütezeit. Ende des 17. Jahrhunderts entstand das prunkvoll ausgestattete Konvents- und Abteigebäude. Spitzenweine von Salem haben Tradition. Mit denen des Markgrafen von Baden zählt Salem zu den größten privaten Weingütern Deutschlands.

The former Cistercian monastery and present palace was founded in 1137 and soon grew into the order's richest Southern Germany monastery. The High Gothic minster of Salem was built as of 1285, and the Baroque era marked a further heyday of the monastery. At the end of the 17th century, new assembly and abbey buildings were erected, with splendidly decorated interiors and furnishings. There is a tradition of fine wines in Salem, as, aleng with the Margrave of Baden's vineyards, they are reckoned to be among the best privatley owned ones in Germany.

L'ancienne abbaye bénédictine de Salem fut fondée en 1137 et devint rapidement un des plus puissants monastères de l'ordre dans le sud de l'Allemagne. L'église gothique fut construite 1285 et le monastère cistercien connut son apogée à la période baroque. Les édifices de l'abbaye datant de la fin du XVIIe siècle furent magnifiquement aménagés. Les vins de Salem sont depuis longtemps renommés en Allemagne grâce aux vignobles des margraves de Bade, qui comptent parmi les plus importants du pays.

In exponierter Höhe über dem Salemer Tal liegt das schöne Renaissanceschloss Heiligenberg. Von dem Sonnenplateau hat man einen Blick über den Bodensee zu den Alpen und bis weit ins Land hinein. Die Grafen und Fürsten zu Fürstenberg bauten die ehemalige Burg aus dem 10. Jahrhundert im 16. Jahrhundert zu einem prächtigen Renaissance-Juwel aus. Kunstvolle Schnitzereien geben dem Rittersaal einen Ausdruck besonderer Schönheit, was sich auch in der doppelstöckigen Schlosskapelle widerspiegelt, die seit 1586 als Grablege der Fürstenfamilie dient.

The beautiful Renaissance palace of Heiligenberg stands in an exposed position high above the Salem Valley. From this sunny plateau, you have a splendid view of Lake Constance, the Alps and of a wide expanse of the surrounding countryside. In the 16th century, the Counts and Dukes of Fürstenberg converted the original castle of 10th century to a jewel of Renaissance architecture. The Great Hall, with its ornate wood-carvings, is especially impressive, as is the palace chapel, on two floors, which has served as the last resting-place for the counts and their families since 1586.

Le magnifique château Renaissance de Heiligenberg surplombe la vallée de Salem. Du plateau du Soleil s'offre un vaste panorama sur le lac de Constance et les Alpes à l'horizon. Au XVIe siècle, les comtes et princes de Fürstenberg transformèrent la forteresse de Xe siècle en un véritable joyau de style Renaissance. De superbes sculptures sur bois apportent à la salle des chevaliers une ambiance particulière que l'on retrouve dans la chapelle du château qui abrite les sépultures de la famille princière depuis 1586.

Die Geschichte der Insel Mainau geht weit zurück. Schon die Römer wussten die einmalige Lage im Bodensee zu schätzen. Unter der 400-jährigen Herrschaft der Ritter des Deutschherrenordens erfolgte ab 1732 der Bau der Schlosskirche und des berühmten Barockschlosses. Im Familienbesitz befindet sich die Insel Mainau seit 1853, als sie Großherzog Friedrich von Baden als Sommersitz erwarb. Seine Leidenschaft für seltene Pflanzen legte den Grundstock für die Parkanlage. Sein Urenkel, Graf Lennart Bernadotte, baute die Anlage zu einem weltbekannten Park aus.

The history of Mainau Island goes back a long way. Its unique location in Lake Constance was first recognised by the Romans. The construction of the palace church and the famous baroque palace was begun in 1732, during the 400-year rule of the Knights of the Teutonic Order. The island has been owned by the present family since Great Duke Frederick of Baden acquired it as a summer residence in 1853. His passion for rare plants was the beginning of the park. His great grandson, Count Lennart Bernadotte, extended it, creating one of the finest and most famous parks in the world.

L'histoire de l'île de Mainau remonte très loin dans le temps. Les Romains appréciaient déjà cet endroit splendide du lac. Durant 400 ans, l'île appartint aux chevaliers de l'Ordre teutonique qui y firent construire l'église du château et le célèbre château baroque à partir de 1732. En 1853, Mainau devint possession du grand-duc Frédéric de Bade qui en fit sa résidence d'été. Passionné de plantes rares, il entreprit l'aménagement de l'admirable parc, connu aujourd'hui dans le monde entier grâce aux travaux que poursuivit son arrière petit-fils, le comte Lennart Bernadotte.

INSEL MAINAU

Das Arboretum als eine der ältesten Anlagen im Park fasziniert durch seine alten und seltenen Bäume, den italienischen Rosengarten und die Vielfalt exotischer Pflanzen, die einen mediterranen Eindruck vermitteln. Von Frühjahr bis Herbst bietet die Insel ein prachtvolles Bild eines wechselnden Blütenmeeres. Es beginnt mit Orchideen, Tulpen, Hyazinthen, über Rhododendren bis zum sommerlichen Höhepunkt der Rosenblüte. Und im Herbst bieten die Dahlien ein wahres Feuerwerk der Farbenpracht.

MAINAU ISLAND

The arboretum, one of the oldest features of the park, is a fascinating collection of old, rare trees incorporating the Italian rose garden and a wealth of exotic plants that create a truly Mediterranean atmosphere. From springtime through into the autumn, the island is a magnificent and constantly changing floral display. It begins with orchids, tulips, hyacinths and continues with rhododendrons, reaching its climax with the summer roses, which are followed in the autumn by the colourful dahlias.

ÎLE DE MAINAU

L'arboretum, une des plus anciennes parties du parc, comprend de magnifiques spécimens de vieux arbres rares. La roseraie italienne et la multitude de plantes exotiques confèrent une atmosphère méditerranéenne à Mainau. Du printemps à l'automne, l'île offre des images variées de mers de fleurs. Les orchidées, les tulipes, les hyacinthes et les rhododendrons éclosent au printemps; les roses magnifient l'été et les dahlias enrobent l'automne de couleurs vives.

Auf der Schlossterrasse bietet das Palmenhaus einen Überwinterungsschutz für die wertvollen Palmen, die Zitrussammlung und die üppige mediterrane Flora. In Deutschlands größtem Schmetterlingshaus können Sie die bunte Welt der Tropen beobachten. Kunstvoll zugeschnittene Pflanzenformationen werden von Groß und Klein bestaunt. In den letzten Jahren konsequent umweltfreundlich umgestaltet, kann man heute im doppelten Sinne von einer „Grünen Insel" sprechen.

The Palm Building on the palace terrace offers refuge and protection in the winter for the valuable palms, citrus plants and exuberant Mediterranean flora. The colorful world of the tropics can be viewed in Germany's largest butterfly house. The artistic floral formations are admired by young and old alike. Redesigned in recent years on environment-friendly guidelines, Mainau in a very real sense lives up to its name as the "Green Island".

Sur une des terrasses, l'édifice du Palmenhaus accueille en hiver les palmiers, les citronniers et autres plantes méditerranéennes du parc. La plus grande maison de papillons d'Allemagne présente aux visiteurs le monde coloré des tropiques. Les magnifiques massifs de fleurs font l'admiration des petits et des grands. Mainau rassemble les merveilles de la nature. Réaménagée et cultivée selon des règles écologiques depuis plusieurs années, l'île est aujourd'hui une « île verte », dans tout le sens du terme.

Als erster Botanischer Garten Europas erhielt die Insel Mainau 1998 das Öko-Audit-Zertifikat im Sinne der „Grünen Charta von der Mainau", zu welcher sich die Grafenfamilie verpflichtet hat. Ständige Schulung und Weiterentwicklung im Bereich Natur und Umwelt bieten nun die Grundlage, um dieses Wissen in der Mainau-Akademie auch anderen Interessierten zukommen zu lassen. Während des ganzen Jahres finden Veranstaltungen statt, welche mit den reizvollen Stimmungen zu allen Jahreszeiten ein Erlebnis sind.

In 1998, Mainau's botanical gardens were the first in Europe to receive a certificate of Ecological Audit in accordance with the Green Charter of Mainau, to which the island's aristocratic owners have committed themselves. This is founded on a system of continual education and further development in the areas of nature and the environment, and in the Mainau Academy, this knowledge is communicated to other interested parties. Events take place throughout the year, and according to season, each offers an experience with its own special appeal.

Premier jardin botanique d'Europe, l'île de Mainau a reçu en 1998 le certificat d'écologie dans l'esprit de la « Charte verte de Mainau » pour laquelle s'est engagée la famille des comtes de Bernadotte. Centre d'instruction et de développement dans les domaines de la nature et de l'environnement, l'académie de Mainau est désormais connue au-delà des frontières de l'île. Durant toute l'année, ont lieu des manifestations soulignées par les beautés de la nature en toutes saisons.

Konstanz liegt gleichermaßen am Bodensee wie auch am Rhein. Breit und gemächlich fließt das Seewasser in den Rhein, der hier bei Kilometer Null beginnt. Zwischen dem Höhenrücken des Bodanrück und dem grünen Hügelland des Schweizer Kantons Thurgau liegt die vielleicht schönste Stadt am Bodensee. Von der Rheinbrücke blickt man über den Rhein auf eine Altstadt, die viel Vergangenheit in die Gegenwart gerettet hat.

Konstanz is situated both on Lake Constance and on the Rhine. The broad waters of the lake flow gently into the Rhine, at its official starting point. The perhaps most beautiful town on Lake Constance lies between the uplands of the Bodan Ridge and the green hills of the Swiss canton of Thurgau. From the Rhine bridge you have a fine view of the Old town, where much of the past has been preserved up to the present day.

Constance est située sur le lac de Constance et sur le Rhin qui d'ici va poursuivre son cours à travers l'Allemagne. Ce que d'aucuns appellent la plus jolie ville du lac de Constance s'étend entre la crête du Bodanrück et les collines verdoyantes du canton suisse de Thurgau. Depuis le pont du Rhin, s'offre une vue splendide sur le quartier de la vieille-ville qui a conservé nombre d'édifices historiques.

Die größte und historisch bedeutendste Stadt am Bodensee ist Konstanz, die heimliche Hauptstadt der Region. Ihrer Randlage zur Schweizer Grenze hat die Stadt es zu verdanken von den Zerstörungen während der zwei Weltkriege im 20. Jh. verschont geblieben zu sein. Schon seit 900 nach Christus ist die Stadt vom Handel geprägt und wurde vor allem durch den Leinenhandel reich. Nach einer Ruhephase kam durch die 1966 gegründete Universität wieder frischer Wind in die Stadt. Auch hier wird die Faszination der Alemannischen Fasnet ausgelebt.

Konstanz is the largest and historically most important city on Lake Constance, the region's secret capital. Thanks to its peripheral position on the Swiss border, the city was protected from the destruction of the 20th century's World Wars. The city was a trading centre as early as the year 900, and grew rich through its linen trade. But it lost importance when borders were redrawn. New life came with the founding of the university in 1966. Here lives the fascination of the Alemannic carnival.

Constance qui a donné son nom français au lac, est la plus grande ville de la région. Grâce à sa situation sur la frontière suisse, la ville n'a pas été dévastée durant les deux guerres mondiales. Constance fut une ville marchande dès le Xe siècle, qui assit notamment sa prospérité sur le commerce du lin. Elle perdit de son importance historique après y le tracé d'autres frontières. L'université fondée en 1966 lui a apporté un nouvel essor. Ici se trouve la fascination du carnaval alémanique.

Das Konzilgebäude wurde 1388 als Kauf- und Lagerhaus errichtet und gibt eine Ahnung vom Wohlstand des alten Konstanz. Es ist der größte mittelalterliche Profanbau Süddeutschlands auf schwankendem Boden. Von hier aus beherrschte Konstanz die nahen Märkte und war der erste Handelsplatz auf deutscher Seite. Während des Konstanzer Konzils 1414-1418 fand hier die einzige Papstwahl auf deutschem Boden statt. Das neue Wahrzeichen „Imperia" (Peter Lenk, 1993), stellt eine einflussreiche Kurtisane aus der Zeit des Konstanzer Konzils dar.

The Council building was erected in 1388 as a merchants' trading and storehouse. It gives us an idea of the former Konstanz' prosperity. It is the largest medieval secular building of its kind in Southern Germany. From here, Konstanz dominated the nearby market towns and was the first trading post reached by travellers crossing into Germany. During the Council of Konstanz in 1417, the only papal election ever to take place on German territory was held. Peter Lenk's "Imperia" (1993), depicting the influential courtesan from the period of the Council of Constance.

Construit en 1388 pour servir d'entrepôt et de magasin, la maison du Concile, également appelée Kaufhaus, témoigne de la prospérité de Constance au moyen-âge. Elle était le siège depuis lequel Constance régnait sur le commerce dans la région. Lors du Concile, en 1417, le Kaufhaus fut également la scène de l'unique élection papale à avoir eu lieu sur le sol allemand. Un des symboles récents de la ville est « Imperia » (1993) de Peter Lenk; il représente une courtisane célèbre ayant vécu à l'époque du Concile de Constance.

KREUZLINGEN – Schweiz, Seeburg ▷

Über Konstanz erreicht man Kreuzlingen, das erst 1927/28 durch den Zusammenschluss dreier Dörfer entstand. Deshalb sucht man vergeblich nach einem historischen Ortskern. Die Ursprünge des Ortes gehen ins 9. Jahrhundert zurück. Die Seeburg, von einem Konstanzer Kaufmann erbaut, diente später den Kreuzlinger Äbten als Lusthaus.

From Konstanz it is not far to Kreuzlingen, which came into existence through the union of three formerly separate villages in 1928 only. There is thus no old historic centre. But the town's origins go back to the 10th century. Lake Castle, built by a Konstanz merchant, was later used as a summer residence by the abbots of Kreuzlingen.

Située près de Constance, Kreuzlingen est née en 1928 de la réunion de trois villages. La localité ne possède donc pas de cœur historique, bien que l'origine du premier hameau construit à cet endroit remonte au Xe siècle. Le petit château nommé Seeburg fut bâti par un riche commerçant de Constance et servit plus tard de pavillon de plaisance aux abbés de Kreuzlingen.

ERMATINGEN, Napoleonmuseum ▷

Ermatingen ist ein hübsches Dorf mit Fachwerkbauten und putzigen verträumten Fischerhäuschen am Wasser. Im Hotel Adler, der ältesten Herberge dieser Gegend, verkehrten schon Napoleon III., Thomas Mann, Hermann Hesse. In der Residenz Arenenberg befindet sich das Napoleonmuseum.

Ermatingen is a pretty village with timbered buildings and quaint little fishermen's cottages on the water's edge. Former guests of the Adler Hotel, the oldest inn of the area, include Napleon III, Thomas Mann and Hermann Hesse, among others. The Arenenberg houses the Napoleonic Museum.

Niché au bord de l'eau, Ermatingen est un joli village aux maisons à pans de bois. Près de l'hôtel Adler, où Napoléon III, Séjourna se dresse la résidence Arenenberg qui abrite le musée Napoléon.

Auf der größten Insel des Bodensees gründete der westgotische Bischof Pirmin ein Benediktinerkloster. Hier entwickelte sich schnell ein kulturelles und religiöses Zentrum. Doch schon im 12. Jahrhundert begann der Niedergang des Klosters. Geblieben ist das Weltkulturerbe der drei romanischen Kirchen. Inmitten von üppigen Gemüsefeldern und Reben bei Oberzell liegt St. Georg. Berühmt ist die Säulenbasilika wegen ihrer Wandmalereien. Dieser Gemälde-Zyklus ist wegen seiner Größe, Vollständigkeit und künstlerischer Qualität von besonderer Bedeutung.

The west-Gothic bishop, Pirmin, founded a Benedictine monastery on Lake Constance's largest island. This rapidly developed into a cultural and religious centre. But the monastery's decline began as early as the 12th century. What has been preserved is the great cultural heritage of the three Romanesque churches. St George lies amidst vegetable fields and vineyards near Oberzell. The basilica with its nave walls supported only by columns is famous for its wall paintings; the size, completeness and artistic quality make this cycle especially noteworthy.

Vers 724, l'évêque Pirmin, ami de Charles Martel, fonda une abbaye bénédictine sur la plus grande île du lac. Elle devint rapidement un centre important de culture monacale, mais sa puissance commença à décliner dès le XIIe siècle. De l'abbaye de Reichenau ont cependant subsisté trois églises romanes dont Saint-Georges qui se dresse près d'Oberzell, entre des champs de légumes et des vignes. L'édifice à l'admirable intérieur à colonnes est surtout célèbre pour ses précieuses peintures murales réalisées à l'époque des Carolingiens et des Othons.

Unmittelbar an der Schweizer Grenze liegt der Ort Öhningen. Im Jahre 788 wurde er erstmals urkundlich erwähnt. Weiß strahlen über Obstgärten hinweg die Konventsgebäude des ehemaligen Augustiner-Chorherrenstiftes Öhningen. Zahlreiche berühmte Versteinerungen stammen aus den Öhninger Kalksteinbrüchen. Insgesamt wurden 475 Pflanzen- und 922 Tierarten des Molassemeeres festgestellt. Leider sind die Kalksteinbrüche nicht mehr zugänglich, einige Fundstücke können jedoch in Museen in Wangen und Konstanz begutachtet werden.

Öhningen is situated right by the Swiss border. The first recorded mention dates from the year 788. The white convent buildings of the former Augustinian canonical church stand out amidst the surrounding orchards. A large number of famous fossils have been discovered in the Öhningen Quarries. A total of 475 plants and 922 species of animals that once lived in the molasse sea have been identified. The quarries are unfortunately no longer accessible, but a number of finds can be viewed in Wangen's Fischerhäusle and in the Rose Garden Museum in Konstanz.

Mentionnée pour la première fois en 788, Öhningen s'étend directement sur la frontière suisse. Les bâtiments blancs de l'ancien monastère des Augustins s'élèvent dans un splendide paysage de vergers. Dans les anciennes carrières de calcaire. D´Öhningen, on a découvert 475 espèces végétales et 922 espèces animales fossilisées, datant du tertiaire. Les carrières ne sont plus ouvertes au public, mais on peut admirer fossiles dans des musées de Wangen et Constance.

Zu Ehren der drei Stadtpatrone findet jedes Jahr die Mooser Wasserprozession mit blumengeschmückten Booten auf dem Bodensee statt. Eine verheerende Viehseuche wütete 1796 in Süddeutschland. Die Mooser wollten um Verschonung zu bitten und pilgerten nach Radolfzell zu den drei Stadtpatronen und baten sie um Hilfe. Die Mooser wurden von der Seuche nicht heimgesucht und pilgern seitdem jedes Jahr am 3. Juli-Montag, dem Hausherrenmontag, nach Radolfzell. Die Prozession wird seit 1926 als Wasserprozession durchgeführt.

The Moos water procession with decorated boats, takes place on Lake Constance each year, in honour of the town's three patron saints. A terrible cattle plague raged through South Germany in the year 1796. In the hope of being spared, the inhabitants of Moos went on a pilgrimage to the shrine of the three patron saints of Radolfzell. The plague passed over Moos and since then, its people have made an annual pilgrimage at the third of July monday to Radolfzell on "Patron Saint Monday". Since 1926 this has taken the form of a water procession.

Des bateaux ornés de fleurs voguent sur le lac de Constance: la procession sur l'eau de Moos se déroule chaque année, en hommage aux trois patrons de la ville. En 1796, une épizootie faisait ravage dans le sud de l'Allemagne. Pour tenter d'y échapper, les habitants de Moos partirent en pèlerinage à Radolfzell demander protection aux trois Saints-Pères. Les animaux de la commune furent préservés, et depuis, chaque année en le troisième lundi de Juillet, ses habitants célèbrent le « Hausherrenmontag », (Lundi des Saints-Pères). La procession vers Radolfzell a lieu sur l'eau depuis 1926.

Im Inneren der Bucht der flachen Halbinsel Mettnau liegt Radolfzell. Die Stadt ist das touristische Zentrum des westlichen Bodenseeraums und liegt zwischen zwei der schönsten Landschaften der Region, dem Bodanrück und der Halbinsel Höri. Im Außenbereich wirkt Radolfzell wie eine kleine Industriestadt; jedoch ist sie zum See hin von Naturschutzgebieten und Riedlandschaften umgeben.

Radolfzell is situated in the bay of the Mettnau peninsula. The town is the centre of the western Lake Constance region and is located between two of the most beautiful areas of countryside, the Bodan Ridge and the Höri peninsula. On the perimeter Radolfzell gives the impression of a small industrial town, while on the lake side it is surrounded by nature reserves and sedgebanks.

La petite ville de Radolfzell se niche sur une rive de la presqu'île de Mettnau, entre le Bodanbrück et la presqu'île Höri, deux des plus belles contrées du lac de Constance. Bien que la localité ait une zone industrielle assez importante, elle est également le centre touristique de l'ouest du lac de Constance. Sa partie donnant sur le lac est entourée d'une nature sauvage protégée et d'étendues marécageuses.

Auf dem Bodanrück zwischen dem Gnadensee und dem Überlinger See kommt man nach Allensbach, wo sich seit über 1000 Jahren lang der Fährstützpunkt zur Insel Reichenau befindet. Hier ist das Bodenseewasser am wärmsten und lädt zum Baden ein. Es ist ein friedlicher und beschaulicher Ort mit dem Sinn für Tradition und Moderne. So erwartet man nicht, an diesem Ort ein Unternehmen zu finden, welches die Märkte und die öffentliche Meinung der ganzen Welt kennt; das Institut für Demoskopie Allensbach, welches hier vor über 60 Jahren gegründet wurde.

On the Bodan Ridge, between Gnadensee and Üeberlingen Lake, lies Allensbach, since more than 1000 years the place where ferries leave for Reichenau Island. Here the waters of Lake Constance are at their warmest and offer an inviting spot for bathing. This is a peaceful, tranquil place, with a feeling for both the traditional and the modern. You would not expect to find it home to an enterprise that is familiar with world markets and public opinion on a global scale: The Allensbach Institute for Demoscopy was founded here 60 years ago.

Allensbach fut pendant mille ans le premier lieu de départ des bacs pour l'île de Reichenau. C'est ici que l'eau du lac de Constance est la plus chaude et invite à la baignade. C'est ici que l'eau du lac de Constance est la plus chaude et invite à la baignade. Dans cette localité paisible et agréable s'associent la tradition et la modernité. On ne s'attendrait pas à y trouver une entreprise qui connaît tous les marchés et sondages d'opinions du monde entier : de réputation internationale, l'institut de sondages Allensbach y a été créé il y a 60 ans.

Über das Ende des Überlinger Sees hinaus bilden Bodman und Ludwigshafen eine Gemeinde. Bodman greift auf eine lange Geschichte zurück, im 6. Jahrhundert war der Ort schon wirtschaftlicher und religiöser Mittelpunkt. Die Generationen der Grafen von Bodman leben seit dem 13. Jahrhundert hier. – Stockach gehörte einst als Oberamtsstadt zu Vorderösterreich und nahm daher eine bedeutende Stellung für den Hegau ein. Schon 1505 gab es hier eine wichtige Poststation. Bis heute ist der Charakter der Gerichts- und Beamtenstadt erhalten geblieben.

Beyond the end of Überlingen Lake, Bodman and Ludwigshafen form a joint township. Bodman's history goes back a long way; it was a trading and religious centre as early as the sixth century. The line of the Counts of Bodman has been resident here continuously since the 13th century. – Stockach was once an administrative centre of Further Austria, and for this reason enjoyed considerable status in the Hegau region. There was an important postal station here as early as 1505. This town of lawyers and civil servants has retained its character up to the present time.

À l'extrémité de l'Überlinger See, qui constitue la partie nord du lac de Constance, Bodman et Ludwigshafen sont rassemblées en une commune. Bodman, la plus ancienne localité du lac, était déjà un centre économique et religieux important au VIe siècle. Autrefois, Stockach située à la frontière de l'Autriche, jouait un rôle important dans le Hegau en tant que ville administrative de la région. Elle abritait déjà une station postale très fréquentée en 1505. Jusqu'à aujourd'hui, Stockach a conservé son caractère de siège de juridictions et d'administrations.

Im wahrsten Sinne des Wortes malerisch, ist es in Stein am Rhein, dem sogenannten Rothenburg des Hochrheins. Die Zeit des Mittelalters spiegelt sich überall in den Gassen wider und die Häuserfronten wurden kunstvoll mit bildreichen Gemälden verziert. Die Häuser am Rathausplatz erzählen unter anderem ganze Geschichten über Klugheit und Liebe, Krieg und Frieden. Bis ins 20. Jh. haben die Maler von Stein am Rhein die Fassaden bemalt. Hinter dem letzten Flachwasser des Bodensees hinter der kleinen Insel Werd wird der Untersee wieder zum breiten Strom – dem Rhein.

Stein am Rhein, the so-called Rothenburg of the Upper Rhine is truly picturesque. The Middle Ages are reflected everywhere in the narrow streets, and the facades on the town hall square were decorated with artistic paintings. Just in front of the bridge in Stein am Rhein, the little island of Werd surfaces from the last shallows of Lake Constance, before the waters pass on into the Lower Lake and thence into the Rhine.

Bâtie sur les rives du Rhin, Stein am Rhein a conservé son cachet de petite ville ancienne. Le moyen âge vit encore dans ses ruelles pittoresques bordées de vieilles maisons aux façades décorées de fresques. Les maisons de la place de l'hôtel de ville racontent des histoires illustrant la sagesse, l'amour, la guerre et la paix. Les artistes de Stein ont réalisé des peintures murales jusque dans le XXe siècle. Non loin du pont de Stein am Rhein, la petite île de Werd émerge de l'Untersee ou lac Inférieur; derrière elle, le Rhin quitte le lac et redevient fleuve.

LANGENRAIN, Marienschlucht

Auf der Überlinger Seeseite zwischen Bodman und Wallhausen, unterhalb der Ruine Kargegg, kann man durch die reizvolle Naturschönheit der Marienschlucht laufen. Die urig verwachsene Klamm geht stellenweise bis zu 30 Meter in die Tiefe. Verschlungene Pfade über dem rauschenden Bach führen bis auf den Bodanrück hinauf. So wildromantisch wie die Liebe des Grafen Bodan zu der Gräfin Marie, der er die Schlucht als Verlobungsgeschenk offenbarte und die somit die Namensgeberin der Schlucht ist.

LANGENRAIN, Marie's Gorge

On the Überlingen side of the lake, between Bodman and Wallhausen and beneath the Kargegg ruins, the Marienschlucht is a gorge of fine natural beauty, up to 30 metres deep. Hikers can pass through the gorge admiring its bizarre shapes. Meandering paths above the rushing stream lead up to the heights of the Bodan peninsula, as wild and romantic as the love of Count Bodan for Countess Marie, to whom he gave the gorge as an engagement present. Her name has been associated with the gorge ever since.

LANGENRAIN, gorges de Marien

Du côté de l'Überlingersee, entre Bodman et Wallhausen, et s'étendant en contrebas des ruines du Kargegg, les gorges de Marien offrent un magnifique spectacle naturel. On peut se promener dans le ravin sauvage qui plonge jusqu'à 30 mètres de profondeur. D'étroits sentiers au-dessus du torrent mènent au Bodanrück. L'endroit romantique évoque l'amour du comte Bodan pour la comtesse Marie, à laquelle il offrit cette gorge sauvage en cadeau de fiançailles et qui porte son nom depuis.

Grenzüberschreitungen sind für den Reisenden hier am Bodensee ganz normal und so zieht es uns nach Schaffhausen, in den nördlichsten der 26 Kantone der Schweiz. Tosend stürzt hier der Rheinfall in die Tiefe, was man mit kleinen Booten oder auf der Besucherplattform hautnah erleben kann. Diese Stromschnelle, die hier die Wasserstraße unterbricht, machte Schaffhausen zu einem unentbehrlichen Stapel- und Umschlagplatz. Angeblich in Anlehnung an Albrecht Dürers Befestigungslehre wurde die Festung Munot hoch über Schaffhausen auf den Rebhängen gebaut.

Border crossings are something quite normal for visitors to Lake Constance, and so we cross over to Switzerland's northernmost of the 26 cantons, Schaffhausen. The Rhine Falls thunder down at this point, and can be experienced close-up in small boats or on the visitors' platform above the falls. These rapids, that interrupt the flow of the waterway, made Schaffhausen into an essential depot and place of transshipment. It is said that Munot Fortress high up above Schaffhausen among the steep vineyards was built according to Albrecht Dürer's theory of fortification.

Les frontières sont pratiquement indéfinissables dans la région du lac de Constance. Sans vraiment s'en rendre compte, le visiteur se retrouve dans le Schaffhouse, le plus au nord des 26 cantons de la suisse. Près de la localité du même nom, on peut admirer les chutes du Rhin depuis un belvédère ou à bord de barques. En raison de cette interruption dans le cours du fleuve, Schaffhouse fut autrefois une place importante de transbordement de marchandises. Accrochée au versant d'un coteau, la citadelle de Munot surplombe Schaffhouse.

Schaffhausen auf der Schwelle von der Schweiz nach Baden-Württemberg ist ein Kleinod, welches das Herz eines jeden Romantikers höher schlagen lässt. Der Fronwagturm mit seiner interessanten astronomischen Uhr, daneben das vornehmste Gesellschaftshaus am Platz, wo bereits im 14. Jahrhundert der Adel ein- und ausging. Das Haus „Zum Goldenen Ochsen" aus dem 17. Jahrhundert zeigt sich mit prächtiger spätgotischer Fassade mit dem Zierrat der Renaissance. So trifft man überall im Ort auf Gotik, Barock, Renaissance oder Rokoko.

Schaffhausen is a precious little gem situated on the threshold of Switzerland to Baden-Württemberg that makes the heart of every true romantic beating faster. The Fronwag Tower displays its interesting astronomical clock and nearby there is the most elegant and exclusive Society House on the market square, where already in the 14th century the aristocracy were frequent guests. The house The Golden Ox with its magnificent late Gothic facade and elements of the Renaissance dates from the 17th century. You see Gothic, baroque, Renaissance or rococo everywere in the city.

Porte d'entrée du Bade-Wurtemberg, la ville suisse de Schaffhouse est un véritable joyau qui fait rêver toute âme romantique. La tour dite Fronwagturm ornée d'une belle horloge astronomique, à côté l'élégant édifice du Gesellschaftshaus fréquenté par l'aristocratie dès le XIVe siècle, la maison « Zum goldenen Ochsen » (Au bœuf d'or) du XVIIe siècle, avec sa superbe façade de style gothique tardif et Renaissance, ne sont que quelques-uns des superbes bâtiments historiques de cette ville où se mêlent le gothique, la Renaissance et le baroque.

BREGENZER WALD und BREGENZ

Schon die Brigantier und die Römer schätzten vor mehr als 2000 Jahren die schöne Lage und ließen sich hier in Bregenz nieder. Heute liegt das österreichische Bregenz im Vierländereck Deutschland, Österreich, Schweiz und Liechtenstein. Der See und die Lage bieten diesem Ort kulturelle und freizeitliche Möglichkeiten der Spitzenklasse. Architektur hatte hier von jeher einen besonderen Stellenwert, was man in der mittelalterlichen Hauptstadt vom Vorarlberg sehen kann. Moderne Exponate zeitgenössischer Baukunst sind hier jedoch genauso gut vertreten.

BREGENZ FORREST and BREGENZ

More than 2,000 years ago, the Brigantines and the Romans already appreciated this beautiful location and settled near Bregenz. Today, Bregenz is located in the Four Country Corner, where Germany, Austria, Switzerland and Liechtenstein meet. The lake and the fantastic location offer this town cultural and leisure activities of the highest niveau. Architecture here has always had a special significance which can be seen in the medieval capital of Vorarlberg. However, modern examples of contemporary architecture are also well represented here.

La FÔRET BREGENZ et le ville BREGENZ

Il y a plus de 2000 ans, les Romains et les Celtes appréciaient déjà la belle nature autour de Bregenz, la ville autrichienne située au carrefour de quatre pays : l'Allemagne, la Suisse, le Liechtenstein et l'Autriche naturellement. La capitale du Vorarlberg, qui s'étend sur une rive du lac de Constance, propose autant d'activités culturelles que sportives. L'architecture y a de toujours joué un rôle important ainsi qu'en témoigne sa superbe vieille ville médiévale. Mais l'art contemporain y est également à l'honneur dans de nombreux édifices modernes.

△ Blick vom Pfänder auf den Bregenzer Wald bei Sonnenaufgang   ▽ Bregenzer Festspiele auf der Seebühne am Bodensee

Der Säntis mit 2502 Metern, höchster Berg im Alpsteinmassiv, thront majestätisch über dem Bodensee und dem Appenzellerland. Mit der Seilbahn kommt man bei guter Sicht schnell in den Genuss einer überwältigenden Aussicht über Berge und Täler in sechs verschiedene Länder. – Bregenz im Vierländereck, eingebettet in einer intakten Naturlandschaft zwischen See und Berg, ist Landeshauptstadt von Vorarlberg. Die Römer nannten den Ort und den See Brigantium (lacus Brigantinus), die bedeutendste Stadt am See. Der 1064 Meter hohe Hausberg von Bregenz ist der Pfänder.

It is the highest mountain (2502 metres) in the Alpine stone massif that towers up majestically above Lake Constance and the Appenzell region. A short cable-car trip opens up an overwhelming panorama of mountains and valleys. – Bregenz, situated in the quadripoint, is surrounded by an intact natural environment, with the lake on one side, the mountains on the other. The Romans called the capital Brigantium. It was the most important town on the lake, called lacus Brigantinus after it. Bregenz's 1064-m-high local mountain is the Pfänder.

Le Säntis (2502 m), sommet des Alpes du canton suisse d´Appenzell, trône majestueusement au-dessus du lac de Constance. En prenant le téléférique qui gravit le Pfänder, on découvre un panorama grandiose sur les montagnes et les vallées de six pays. – Nichée au coeur d'une nature intacte, entre lac et montagne, Bregenz est la capitale du Vorarlberg. Les Romains appelaient Brigantium la localité située à l'extrémité est du lac de Constance et dominée par le versant rocheux escarpé du Pfänder, haut de 1064 mètres.

Die schwäbisch-alemannische Fasnet ist ein Volksbrauch aus dem Mittelalter. Hier, im früheren Alemannien und späteren Herzogtum Schwaben, wird die Fastnacht (auch Fasnet, Fasenet) von den Narrenzünften gepflegt. Im Mittelpunkt steht dabei heute wie früher als zentrale Figur der Narr. Er führt sich mit Masken- und Possenspiel zur Belustigung aller vor. – Der in fast 600 Metern Höhe gelegene Ort Wangen liegt mitten im Allgäu und dennoch in Reichweite des Bodensees. Der Luftkurort blickt auf eine lange Geschichte zurück.

Swabian-Alemannian Shrovetide is a folk custom from the Middle Ages. Here, in former Alemannia and later the duchy of Swabia, Shrovetide is kept very much alive by the jesters' guilds. The figure at the centre of the celebrations is, as before, the fool, who goes on display with his mask and his antics for others' entertainment. – Wangen is situated at an altitude of almost 600 metres in the midst of the Allgäu. The health resort looks back on a long history, and the many houses of the patricians and merchants still determine the town's character today.

La tradition du carnaval souabe-alémanique dans l'ancien duché de Souabe remonte au moyen-âge, et est encore entretenue par des corporations carnavalesques. Le personnage principal du carnaval est le fou. Caché derrière un masque, il fait le bouffon et se rit ou est la risée de tous. – Située à 600 mètres d'altitude, Wangen s'étend au coeur de l'Allgäu, tout près du lac de Constance. La station climatique est une ancienne ville d´Empire.

Die ehemals freie Reichsstadt Ravensburg ist auch heute noch ein wichtiger Markt in Oberschwaben. Zu Füßen der Veitsburg liegt der mittelalterliche Stadtkern von Ravensburg. Die einstige Welfenburg war Kreuzungspunkt wichtiger Handelswege und erhielt bereits im 12. Jahrhundert Stadtrechte. Zu Zeiten der Reformation nahm die Stadt als eine von vier Städten im Reich die konfessionelle Parität an. Mit ihren 14 Türmen und Toren sieht die Stadt selbst aus wie ein Spielplan des dort angesiedelten Spieleherstellers.

Ravensburg, a former Free City of the Empire, is still an important market in Upper Swabia. The medieval town centre of Ravensburg stands at the foot of the Veitsburg. This former castle of the Guelph dynasty stood at the crossroads of important trade routes and enjoyed municipal privileges as early as the 12th century. During the Reformation, the town was one of only four in the Empire that granted religious equality. With its fourteen towers and gateways, Ravensburg looks for all the world as if it was invented by the games manufacturer based here.

Ancienne ville d'Empire, Ravensburg joue toujours un rôle important dans l'économie de la Souabe supérieure. Ses vieux quartiers médiévaux s'étendent au pied de la Veitsburg, ancienne forteresse des Welfen située au carrefour de grandes routes marchandes et à laquelle la localité dut ses droits de ville au XIIe siècle. À l'époque de la Réforme, Ravensburg fut une des quatre cités allemandes à accepter les deux religions. Avec ses 14 tours et portes, elle pourrait être le décor d'un des jeux de société du célèbre fabriquant de jeux installé dans la ville.

Der Barockstil begeistert auch heute noch viele Menschen, die Faszination für die üppige Prachtentfaltung des Barock ist geblieben. Somit ist es für jeden Barock-Liebhaber ein Muss, in Weingarten Station zu machen. Wahrhaft gigantisch erscheint die königliche Halle der größten Barockbasilika Deutschlands (1715-24). – Bad Waldsee an der Oberschwäbischen Barockstraße liegt malerisch zwischen zwei Seen. Als Moorheilbad und Kneippkurort hat Bad Waldsee bereits eine langjährige Tradition. Annähernd 100.000 Jahre alt ist das schwefelhaltige Thermalwasser, das aus einer Tiefe kommt.

The baroque style still inspires a lot of people to travel on a track to the marks of the barock, along the Upper Swabian Baroque Route. So it is for every baroque lovers a must, to visit the monastery of Weingarten. The regal hall of Germany's largest baroque basilica is truly gigantic. – Bad Waldsee on the Upper Swabian Baroque Road is situated very picturesquely between two lakes. Bad Waldsee has a long tradition as a moor spa and Kneipp spa. The source of the fluoric and sulphurous waters in the Waldsee thermal baths is about 100,000 years old.

Le style baroque architectural enthousiasme les nombreux visiteurs, la fascination exercée par la splendeur du baroque, tel qu'on peut l'admirer à Weingarten. Sa célèbre abbaye forme un ensemble monumental comprenant la plus grand église baroque d'Allemagne. – Bad Waldsee est admirablement située entre deux lacs. Bad Waldsee est connue depuis longtemps comme station de bains de boue et de cures Kneipp. Ses thermes offrent des eaux bienfaisantes riches en fluor et en souffre, qui depuis près de 100 000 ans, jaillissent à la surface du sol d'une profondeur de 2 000 mètres.

Eine barocke Kostbarkeit birgt das Schloss in Bad Wurzach, bis 1903 Residenz der Grafen von Waldburg-Zeil-Wurzach. In diesem 1723 bis 1728 erbauten, dreiflügeligen Schlösschen können Sie das schönste Treppenhaus Oberschwabens bewundern. — Bei Rot an der Rot in einem abgelegenen lieblichen Wiesental verblüfft die einstige Abteikirche mit ihren vielfältigen Details, mit schwungvollen Zwiebeltürmen und zwei doppelhaubigen Türmen. Zur ausgehenden Oberschwäbischen Barockzeit flossen beim Innenausbau schon klassizistische Elemente ein.

The palace of Bad Wurzach is a Baroque jewel. Built between 1723 and 1727, it was home to the Counts of Waldburg-Zeil-Wurzach until 1903. The house has three wings and the most beautiful entrance hall in Upper Swabia. — The former abbey church of Rot an der Rot, situated in a charming and remote meadowland valley, is somehow surprising with its dual-capped and onion-shaped towers. Classicist elements can be seen in the interior, decorated at a time when the Upper Swabian baroque period was already on the wane.

Le château de Bad Wurzach, résidence des comtes von Waldburg-Zeil-Wurzach jusqu`en 1903, est un vrai joyau de l´époque baroque. L´édifice à trois ailes, construit entre 1723 et 1727, renferme le plus bel escalier en fer à cheval de la Souabe du Nord. — L´ancienne église abbatiale de Rot étonne par ses formes architecturales élégantes et ses deux tours à bulbes. L´édifice fut édifié dans les années 1770; à l´intérieur, des éléments classiques révèlent l´époque baroque finissante.

Hoch über Ochsenhausen thront die Benediktiner-Reichsabtei von 1093, in welcher die Mönche über 700 Jahre im Geiste der Benediktiner gewirkt haben. Die prächtige Klosterkirche besitzt ein Meisterwerk des Orgelbauers Joseph Gablers. — Biberach im Herzen Oberschwabens ist ein historisches Kleinod. Die Altstadt mit den prächtigen Patrizierhäusern, den beiden Rathäusern, dem Alten Rathaus im Alemannischen Fachwerkbau von 1432 und dem Neuen Rathaus von 1503, wurde behutsam saniert.

◁ OCHSENHAUSEN   BIBERACH / Riss ▷

High above Ochsenhausen presides the Imperial Benedictine Abbey of 1093, in which monks followed the rule of the Benedictine order for more than 700 years. The splendid abbey church possesses a masterpiece by the organ builder Joseph Gabler. — Biberach, in the heart of Upper Swabia, is a historical jewel. The meticulously restored Old Town with its impressive patricians' mansions is a must for visitors, as are the Old Town Hall (1432, with Alemannic-style half-timbering) and the New Town Hall, dating from 1503.

◁ OCHSENHAUSEN   BIBERACH / Riss ▷

L'abbaye bénédictine fondée en 1093 trône au-dessus de la ville. Durant 700 ans, les moines y vécurent dans l'esprit bénédictin. La pièce majeure de sa superbe église gothique est le buffet d'orgues, oeuvre de Joseph Gabler. — Situé au coeur de la Haute Souabe, Biberach est un petit joyau historique. Réhabilitée avec soin, la Vieille-Ville abrite de superbes maisons patriciennes et deux hôtels de ville, l'ancien qui est un édifice à colombages de 1432, et le nouvel hôtel de ville de 1503.

Als die schönste Dorfkirche der Welt gilt die Pfarrkirche St. Peter und Paul in Steinhausen. Sie ist Werk des genialen Dominikus Zimmermann, vollendet im Jahr 1733. Durch die lichtdurchflutete Halle kommt die Innenausstattung der Kirche mit ihren entzückenden Stuckaturen von Blumen, Tieren und einer überirdischen Landschaft auf den Fresken gut zur Geltung.

◁ Parish church of STEINHAUSEN ▷

The parish church of St Peter and Paul in Steinhausen is said to be the finest village church in the world. It is a work of the inspired Dominikus Zimmermann, completed in 1733. The hall is flooded with light, accentuating the fine interior decoration, delightful stucco work with flowers, animals and an elysian landscape.

◁ L'église S. Pierre et Paul à STEINHAUSEN ▷

Consacrée en 1733, l'église Saint Pierre et Paul à Steinhausen serait la plus jolie église paroissiale du monde. Oeuvre géniale de Dominikus Zimmermann, son intérieur empli de lumière est décoré de fresques plafonnantes remarquables entourées d'une profusion de stucs décoratifs formant des vases de fleurs, des anges, des guirlandes et des coquillages.

Am Fuße der Schwäbischen Alb liegt in zwei Wiesentälern der Aach der ehemalige Klosterort Zwiefalten, sozusagen als Tor nach Oberschwaben. Er verdankt seine Bedeutung dem ehemaligen Kloster, das 1089 von Benediktinermönchen aus Hirsau gegründet wurde. Inmitten seiner Blüte wurde es 1802 aufgelöst. — Das Schloss des Fürsten von Hohenzollern in Sigmaringen ist auf einem lang gestreckten Weißjurafelsen über der Donau errichtet. Die 1077 erstmals erwähnte mittelalterliche Burg erlebte unter verschiedenen Geschlechtern eine bewegende und wechselvolle Geschichte.

The former monastery town of Zwiefalten, the gateway to Upper Swabia, is situated in two meadowland valleys of the Aach. Zwiefalten owes its importance to the former monastery, founded in 1089 by Benedictine monks from Hirsau. It was dissolved in the midst of its heyday in 1802. — The Count of Hohenzollern's palace in Sigmaringen was built on an extensive white jura rock formation above the Danube. The medieval castle, first mentioned in 1077, has had a chequered history under a number of different dynasties.

Zwiefalten qui s'étend dans une vallée de l'Aach, au pied de l'Alb souabe, constitue une porte de la Haute- Souabe. Sa célèbre abbaye fut fondée par des moines bénédictions de Hirsau en 1089 et resta puissante jusqu'à sa sécularisation en 1802. — Bâti sur un promontoire, l'ancienne résidence des princes de Hohenzollern-Sigmaringen domine le Danube. Le château, mentionné pour la première fois en 1077, a connu une histoire mouvementée. Il fut entre autres le lieu d'internement du maréchal Pétain en 1944.

Die Reichsabtei mit seiner Klosteranlage in Wiblingen bei Ulm stammt zu einem wesentlichen Teil aus dem 18. Jahrhundert. Faszinierend ist die barocke Bibliothek mit Figuren und Stuckaturen in reichem Rokoko. Auch die Klosterkirche beeindruckt vor allem durch ihre Deckengemälde.

Nach dieser schönen Reise an den Bodensee fragt man sich: Warum heißt der See eigentlich Bodensee? Lange Zeit hatte der See gar keinen richtigen Namen – bis die Römer ihn lacus brigantinus (Bregenzer See) nannten. Als das Römische Reich zerfiel, war der See wieder namenlos. Die Karolinger nannten ihn Bodmansee (lacus bodimse) nach ihrem Herrschaftssitz. Doch damit waren die Alemannen nicht einverstanden und man konnte sich nicht recht auf einen Namen einigen. Während des Bauernkrieges 1525 revoltierte die Landbevölkerung als selbstbewusste Seeanrainer vom Bodensee - wo der Name dann eher auf die Bodenständigkeit der Anwohner zurückzuführen ist.

The imperial abbey and monastery buildings in Wiblingen near Ulm date back largely to the 1[8th] century. The baroque library with its richly decorated stucco work is especially fascinating. The monastery church with its ceiling painting is impressive, too.

At the end of this tour, perhaps you are wondering why the lake is called the Bodensee in German. For a long time it in fact had no real name at all, until the Romans christened it lacus brigantinus (Bregenz Lake). But when the Roman Empire fell, the lake again became nameless. The Carolingians called it Bodmansee (lacus bodimse), after their royal residence. But the Alemannians were not happy, and an agreement could not be reached on how to call it. During the Peasants' Revolt of 1525, the self-confident rural population rose up, so the name more likely derives from the "Bodenständigkeit" (straight for wardness) of these people.

L' abbaye de Wiblingen située près de Ulm date du XVIIIe siècle. Elle abrite une splendide bibliothèque rocaille riche en stucs décoratifs. Les fresques de l'église abbatiale dues à Januarius Zick sont également remarquables.

Après avoir terminé ce périple captivant autour du lac de Constance, on voudra élucider un point important: pourquoi le lac s'appelle-t-il Bodensee en allemand? D'abord, il n'a eu aucun nom jusqu'à ce que les Romains le nomment lacus brigantinus, (lac de Bregenz). Ensuite, les Carolingiens l'ont appelé lac de Bodman lacus bodimse, d'après leur résidence royale dans la région. Cependant, les Alamans n'étaient pas d'accord et refusaient ce nom. La population paysanne locale se révolta lors de la jacquerie de 1525. Le mot allemand « Boden » signifie « terre, terroir ». C'est sans doute ce terme qui a donné ultérieurement son nom germanique au lac.

Impressum

© Copyright by:
ZIETHEN-PANORAMA VERLAG
www.ziethen-panoramaverlag.de

Auflage 2014

Redaktion und Gestaltung: Horst Ziethen

Einleitungstext:
© Copyright: MERIAN / Jahreszeiten-Verlag, Rüdiger Safranski
Bildtexte: Anette Ziethen
Englische Übersetzung: Gwendolen Webster
Französische Übersetzung: France Varry

Produktion u. Druck: ZIETHEN PANORAMA VERLAG

Printed in Germany

ISBN 978-3-934328-13-6